diferente

Youngme Moon

Ilustrações
Lynn Carruthers

Tradução
Gabriel Zide Neto

diferente

Quando a exceção dita a regra

CIP-BRASIL. CATALOGAÇÃO-NA-FONTE
SINDICATO NACIONAL DOS EDITORES DE LIVROS, RJ.

        Moon, Youngme
M811d   Diferente / Youngme Moon ; ilustrações Lynn Carruthers ; tradução Gabriel Zide Neto. - Rio de Janeiro : Best Business, 2011.

        Tradução de: Different : escaping the competitive herd
        ISBN 978-85-7684-513-3

        1. Marketing. 2. Concorrência. II. Título.

11-5762.   CDD: 658.8
                                                      CDU: 658.8

Texto revisado segundo o novo Acordo Ortográfico da Língua Portuguesa.

Título original norte-americano:
DIFFERENT

Copyright © 2010 by Youngme Moon
Copyright da tradução © 2011 by Editora Best Seller Ltda.

Ilustrações © Lynn Carruthers
Adaptação de ilustrações: ô de casa

Capa: Sérgio Carvalho | Periscópio
Editoração eletrônica: Ilustrarte Design e Produção Editorial

Todos os direitos reservados. Proibida a reprodução,
no todo ou em parte, sem autorização prévia por escrito da editora,
sejam quais forem os meios empregados.

Direitos exclusivos de publicação em língua portuguesa para o Brasil
adquiridos pela
EDITORA BEST BUSINESS um selo da EDITORA BEST SELLER LTDA.
Rua Argentina, 171, parte, São Cristóvão
Rio de Janeiro, RJ – 20921-380
que se reserva a propriedade literária desta tradução

Impresso no Brasil

ISBN 978-85-7684-513-3

Seja um leitor preferencial Record.
Cadastre-se e receba informações sobre nossos lançamentos e nossas promoções.

Atendimento e venda direta ao leitor
mdireto@record.com.br ou (21) 2585-2002

Para Robert, Jalen e Tailo

sumário

        introdução   9
        preview   19

parte 1   O rebanho competitivo *(uma crítica)*   37
- o instinto de rebanho   39
- o paradoxo do progresso   67
- o borrão da categoria   94
(e como nós lidamos com ele)
- fugindo do rebanho   116

parte 2   Sem concorrência *(uma celebração)*   129
- reversão   131
- ruptura   154
- hostilidade   182
- diferença   210

parte 3   O toque humano *(uma reflexão)*   235
- miopia de marketing: uma nova visão   237
- ponto final   258

        adendo   266
        agradecimentos   295

introdução

quando o meu filho mais velho estava no segundo ano, começou a trazer para casa poemas para decorar. A cada semana, um poema novo. Por isso, toda noite, nós decorávamos um poema, repetindo os versos inúmeras vezes até que estivessem totalmente gravados nas reentrâncias de seu pequeno e influenciável cérebro.

No começo, eu fazia isso sem questionar, nem reclamar. Mas, à medida que os dias se passavam, eu me vi pensando em qual seria o objetivo daquela ginástica mental. Veja bem: nos últimos dez anos, eu mesma fui professora, dando aula de marketing na Harvard Business School, onde, a cada semestre, eu e meus colegas exigíamos que os alunos dominassem uma linguagem muito especial. Nós os expúnhamos à "gramática" dos negócios — basicamente, um conjunto de regras de melhores práticas — e exercitávamos essa gramática até cansar, passando de um estudo de caso a outro.

O que eu aprendi a partir dessa experiência foi que, apesar de um compromisso com a repetição quase sempre levar à competência, ele também produz, quase sempre, uma espécie de automatismo. Existe uma razão pela qual muitos educadores se insurgem contra esse aprendizado repetitivo: eles sabem que surge um efeito colateral ao se produzir esse tipo de atitude indiferente, que acaba sendo derrotista. Depois que a gente aprende demais uma coisa, deixamos de conhecê-la de fato. E é isso o que vejo acontecer no mundo dos negócios de hoje. Setor após outro, os profissionais da administração foram tão condicionados a agir de determinada maneira que, aparentemente, esqueceram-se do real objetivo do que fazem — que é criar um produto instigante e significativo para pessoas como eu e você. Isso não quer dizer que esse pessoal não domine as técnicas que são exigidas no mundo dos negócios. Na verdade, o fato é que eles ficaram, digamos, eficientes *demais*, da maneira que um sistema de produção muito bem-azeitado pode ser medonhamente eficiente ao produzir um clone perfeito.

Eu posso ser uma professora de administração, mas também sou esposa, cidadã e mãe, e imagino que vivencio o mundo de maneira muito parecida com a sua. Isso significa que, quando saio de casa para comprar alguma coisa tão simples como um xampu, um suco ou um par de tênis, o que acontece comigo, provavelmente, é muito parecido com o que acontece com você: eu me vejo diante de uma quantidade estonteante de ofertas. Em cada corredor, em cada loja, aquilo que há apenas uma geração não passava de uma módica oferta de quatro ou cinco produtos, hoje se transformou num leque quase indistinguível, com milhares de opções. Enquanto isso, existe muita redundância na maneira como esses produtos são anunciados. Ser fluente na linguagem do marketing de produto significa, aparentemente, ter elevado ao máximo a linguagem do exagero, e com isso me asseguram, toda vez que eu vou comprar alguma coisa, que todos os produtos são NOVOS E APERFEIÇOADOS, que tudo é MAIOR E MELHOR.

E, no entanto, a questão é a seguinte: todos nós passamos por muitas coisas nos últimos anos. Essa recessão de hoje, em particular, foi dura para todos nós, e, embora dispuséssemos de poucas opções a não ser encará-la da melhor maneira possível, não posso deixar de acreditar que essa tempestade também tenha nos ajudado a nos concentrarmos de novo em nós, de maneira coletiva. Eu me lembro de que, logo depois que bateu a primeira onda da recessão — quando o mercado imobiliário implodiu e os mercados de crédito ficaram paralisados —, senti-me quase grata por não morar numa das mansões mais suntuosas da cidade, daquelas que eu tanto admirava. Também me lembro de ler matérias nos jornais de como as pessoas, mesmo as que tinham estabilidade financeira, haviam começado a repensar seus padrões de consumo mais elementares. Era como se as nossas ideias de aspirações e aquisições tivessem se modificado de um dia para o outro. Os excessos estavam fora de moda, substituídos por uma consideração mais profunda sobre as coisas com que enchíamos nossas casas, nossos armários e nossas vidas. Eu me recordo de ter pensado: *A era da abundância acabou, não porque as coisas não existam mais em abundância, mas porque ela perdeu seu status de aspiração principal.*

Eu sempre acreditei que existe uma arte dos negócios e que, se tivesse de descrever uma característica marcante dessa arte, a descreveria como a arte da calibragem. Na minha cabeça, é aqui que entra o profissional de marketing: ele precisa ser capaz de medir as dimensões do nosso desejo — dando atenção àquilo que nós queremos, sim, mas também dando a mesma atenção àquilo que nós *não* queremos. Pode até ser verdade que os nossos desejos não têm limites, mas eles, com certeza, têm uma forma. No entanto, o que está faltando ao mundo dos negócios de hoje é uma sensibilidade aos contornos das nossas aspirações. Como cultura, já passamos muito daquele ponto em que nos impressionamos com os tradicionais símbolos de riqueza — a profusão de opções rigorosamente iguais, a exibição constrangedora de penduricalhos e balangandãs. Mesmo assim, até hoje... basta entrar numa loja para ver o quanto o mundo dos negócios parece não compreender isso.

Dez anos atrás, o marketing de produto podia ser tão exagerado quanto uma banda de rock. O exagero fazia parte do jogo. Falta de originalidade não significava muito. Para conseguir a atenção das pessoas, tudo o que se precisava era decorar uma sucessão de acordes previsíveis, adicionar um refrão que grudasse no ouvido e entrar no palco com confiança, energia e entusiasmo. O truque era fazer barulho, ser ousado e apelar para o excesso. Alguns efeitos especiais também ajudavam. Hoje, esse tipo de marketing provavelmente vai parecer tão inócuo quanto uma banda de heavy metal dos anos 1980. Atualmente, os maestros do mundo dos negócios com maiores chances de conquistar o público são aqueles que entendem que, nessa era de consumo mais consciente, gritar mais alto raramente é melhor, e "mais do mesmo" quase nunca consegue ser o melhor.

Eu escrevi este livro porque acredito que o que a maioria das pessoas está buscando agora é um som que ecoe melhor em seus ouvidos. Uma música mais significativa. Uma vibração que sejamos capazes de vivenciar, nos nossos ossos, como sendo, de certa maneira... *diferente*. E é sobre isso que fala este livro: é uma exploração do que significa para uma empresa assumir um compromisso desses. É uma análise do que significa para um negócio decidir *ser* diferente.

Eu faço isso me embrenhando no mundo da mesmice, à procura do que faz a diferença. Procuro identificar os destacados, as anomalias, os iconoclastas — os participantes que rejeitaram aquelas regras de administração muito bem decoradas, em troca de uma abordagem mais aventureira. Esses são os jogadores com uma tendência para o improviso, para a experimentação, os jogadores que de alguma maneira conseguiram construir suas marcas e criar produtos que realmente tocam num ponto sensível.

Nesse caminho, eu defendo a tese de que está na hora de os profissionais da administração — e especialmente os da área de marketing — abandonarem algumas das coisas que eles costumam chamar de "melhores práticas". Esse não é um desafio fácil. Como eu digo para os meus alunos: aprender é fácil; esquecer é difícil. No entanto, isso é exatamente o que acho que é preciso se as empresas estiverem dispostas a criar uma nova cultura de consumidores interessados, que gere, na pior das hipóteses, a possibilidade de que voltemos a prestar atenção.

A propósito, no ano passado foi a vez do meu filho mais novo entrar no segundo ano. Como esperado, não demorou muito até que ele — assim como o irmão, que o antecedeu — começasse a trazer poemas para decorar em casa. Toda semana, um poema novo. E assim, toda noite, eu cumpria o meu dever de mãe, ajudando a decorar os versos, repetidas vezes, no mais absoluto *déjà vu*.

Só que dessa vez a minha alma não estava participando. Porque, ao longo dos anos, passei a acreditar que um poema decorado com muita facilidade é um poema muito fácil de se recitar. E um poema declamado sem esforço é um poema que perdeu o sentido.

Eu tenho uma amiga empresária que diz que consegue captar o ponto central de um livro de negócios, qualquer livro de negócios, em menos de uma hora. É claro que o fato de você se impressionar ou não com isso vai depender de você já ter lido um livro de negócios. A maioria deles é escrito para ser facilmente digerido. Eles apelam fortemente para o reducionismo, da mesma maneira que um mapa do metrô é uma redução: a eliminação de informações desnecessárias cria um tipo de isolamento conceitual que é extremamente eficaz, do ponto de vista funcional.

Contudo, essa redução pode ter um preço alto. Há alguns anos, Edward Tufte, que dá aula em Yale e passa boa parte de seu tempo pensando sobre a apresentação das informações, publicou uma monografia chamada *The Cognitive Style of PowerPoint*, sobre a hegemonia cognitiva do software para apresentações mais popular do mundo. Como Tufte mostrou, o lamentável preço de uma simplificação é... bem, a supersimplificação. Sem contar o imposto extra que nós pagamos na forma de pedantismo. Imagine que você fosse a um jantar e descobrisse que todos os convidados decidiram contar suas histórias no formato PowerPoint. Com certeza, a noite ia ser muito informativa, mas também seria um porre.

Quando eu estava na faculdade, lembro-me de ter lido um livro de Richard Feynman, vencedor do prêmio Nobel de Física, chamado *Surely You're Joking, Mr. Feynman!* O que o livro tinha de interessante era que ele não parecia ser mais do que uma antologia de anedotas desconexas — sobre sua vida pessoal, suas aulas e seu trabalho. E, no entanto, essas anedotas exerciam um peso em cima de você, de tal maneira que, quando você terminava o livro, era impossível não o ver como uma defesa muito bem alinhavada da disciplina científica.

O que Feynman parecia compreender era que existem, na verdade, duas maneiras de um professor contribuir para a nossa compreensão de alguma coisa. A primeira é utilizar a técnica do PowerPoint: pegar um fenômeno complexo e tentar destilá-lo até a essência. A segunda é fazer exatamente o oposto: pegar um fenômeno complexo e tentar jogar uma nova luz sobre ele, não pela retirada de informações, mas incorporando novas nuances inesperadas, de fontes inesperadas. E foi isso o que Feynman fez: ele costurou o seu tema na tapeçaria mais ampla da vida quotidiana. Esse é um homem com quem eu gostaria de jantar.

Existem outros exemplos disso, de professores que escreveram livros que influenciaram a própria maneira como eu escrevo. O físico Atul Gawande escreveu dois livros (*Complicações* e *Better*) sobre medicina e o sistema de saúde dos Estados Unidos. Os livros de Gawande não são muito fáceis — abarcam as esferas pessoal e profissional, volta e meia são frios, outras vezes, apaixonados, e juntos eles mudaram a maneira como eu enxergava a medicina. John Stilgoe escreveu um livro chamado *Outside Lies Magic*, que transformou a maneira como eu via a arquitetura moderna. Quando eu era aluna de graduação, o histórico livro *The Design of Everyday Things*, de Don Norman, transformou a maneira como eu pensava a tecnologia e a funcionalidade.

Todas essas obras abrangem disciplinas completamente diferentes, mas têm em comum uma coisa muito nítida: foram escritas por professores capazes de dar vida às suas respectivas disciplinas, humanizando-as de algum modo, sem minimizar a importância delas. O relacionamento que eles têm com o trabalho é parecido com o que Calvin Trillin tem com a comida, o que vale dizer que eles enxergam os seus temas — a medicina, a arquitetura ou a tecnologia — como uma pequena parte dentro de um todo muito maior. São autores que certamente divagam, mas apenas como forma para irem direto ao ponto. Enquanto isso, eles conseguem atingir o extremo oposto do pedantismo, que é outra maneira de se dizer que eles se sentem à vontade com a noção de que as coisas podem ser, ao mesmo tempo, verdadeiras e falsas.

Os livros deles inspiram, porque, além de proporcionarem um comentário fluente sobre o que está errado com as suas disciplinas, eles não param aí. Eu sempre achei que a maneira de se evitar que a crítica se transforme em cinismo é transformá-la mais num ponto de partida do que num ponto de exclamação, e é exatamente isso o que esses autores conseguem: eles analisam com cuidado para identificar o que há de bom no meio de tanta coisa ruim, e quando conseguem isso, eles o iluminam, celebram-no e nos incentivam a aprender. Se uma aula é uma conversa, aí, na minha opinião, eles são os debatedores mais instigantes — aqueles que se atrevem a falar um dialeto desconhecido, aqueles que conduzem as discussões de maneiras inesperadas e provocantes.

Eu escrevi este livro porque acredito que o marketing virou a trilha sonora da nossa geração. Ele dá o tom e dita o ritmo — não só para aquilo que consumimos, mas para aquilo que desejamos, o que amamos e odiamos. Contra esse pano de fundo, há alguns insights que não são bem representados pelo pensamento linear. Por isso, este livro é cheio de contradições, de justaposições e de atalhos.

Além disso, todo ano eu digo aos meus alunos que o marketing é a única função de uma empresa que é feita especificamente para se situar naquela interseção em que as empresas se encontram com as pessoas. Com as pessoas *de verdade*. O problema é que pessoas de verdade não veem o mundo da mesma forma que um empresário. Elas não falam a língua dos tópicos enumerados; não organizam o mundo em fluxogramas e organogramas. As pessoas — as pessoas de verdade — olham para o mundo de maneira mais orgânica. São idiossincráticas. Imprevisíveis. Lindamente desorganizadas.

Pode-se dizer que este livro é mais ou menos assim. Íntimo. Orgânico. Idiossincrático. Até meio desorganizado. Mas para mim está tudo bem, porque o meu propósito não é ser dedutiva; é ser discursiva, da mesma maneira imprevisível como as pessoas são discursivas. No mundo dos negócios, assim como na vida, às vezes os insights mais brilhantes podem ser obtidos daquilo que é jogado fora.

Eu também gostaria de acrescentar que o bilhete mais bonito que já recebi de um aluno dizia o seguinte: "A diferença entre a sua aula e todos os outros cursos da Harvard Business School é que o seu é humano. É uma aula sobre *nós*, disfarçada de uma aula de negócios."

E é isso o que este livro é. Um livro sobre *nós*, disfarçado de lições de negócios.

preview

imagine que você esteja no meio da seção de cereais do seu supermercado favorito. Sua missão é escolher um cereal que você nunca experimentou, de preferência um de que acabe gostando. Como proceder?

Se você for uma pessoa que come cereais com certa regularidade, a tarefa não deverá ser difícil. Muito provavelmente, vai caminhar pelo corredor e eliminar mentalmente vários tipos de cereal ao mesmo tempo — por exemplo, todos os que são feitos para crianças... ou os que têm muito açúcar. Em seguida, irá afunilar ainda mais a sua escolha utilizando uma segunda bateria de filtros — por exemplo, eliminando todos os que contenham granola... ou muita fibra. Depois de ter restringido o corredor inteiro a um pequeno subgrupo de cereais — talvez umas seis ou sete marcas —, você acrescentaria mais alguns critérios — quiçá excluindo todos os que tenham passas, ou todos os que venham numa embalagem feia — até que... buuum!, você faz sua escolha.

Todo esse exercício, provavelmente, se encerraria em questão de minutos, a menos, é claro, que você seja aquele tipo de pessoa que é realmente pernóstica com o seu café da manhã. Seja lá como for, o que seria impressionante na sua performance, independentemente do resultado, seria a inteligência da sua abordagem. De certa maneira, você aprendeu a desconstruir a categoria do produto da mesma forma que faria um profissional de marketing: como uma série de camadas de subcategorias e minicategorias. De algum modo, você aprendeu a segmentar o leque de produtos em várias dimensões e, de algum jeito, aprendeu a fazer distinções entre as marcas que chegam aos mínimos detalhes. Em outras palavras, você pode não ter percebido, mas em algum lugar desse caminho você se tornou um especialista na categoria, um *connoisseur* de cereais.

Agora imagine um marciano que estivesse parado nesse mesmo corredor, querendo fazer a mesma escolha. O que foi fácil para você seria de uma dificuldade enorme para ele. Mesmo partindo-se do princípio de que ele tenha uma inteligência superior, analisar toda essa variedade de produtos tomaria várias horas. Para essa infeliz criatura, todas essas caixas de cereais seriam incrivelmente parecidas.

Por quê? Porque onde o conhecedor vê as diferenças, um calouro vê as semelhanças. Onde o conhecedor pode notar pequenas matizes de distinção, baseadas nos detalhes das assimetrias, um novato não dispõe dos filtros necessários para avaliar, organizar e distinguir entre as muitas opções disponíveis, de maneira significativa. Onde um conhecedor pode navegar por uma categoria sem esforço e só pela intuição, um novato vai lutar para estabelecer um começo, um meio e um fim. Fazer compras desse jeito pode ser mais do que uma experiência; pode ser um fenômeno.

Você pode repetir esse exercício inúmeras vezes, com inúmeros produtos, com resultados semelhantes. Tente explicar a um estrangeiro a diferença entre uma pasta Crest e uma Colgate. Tente explicar a uma criança a diferença entre um Honda e um Toyota. Quando eu visito uma loja da Foot Locker (de material esportivo) com o meu marido, ele circula pelo ambiente como se fosse um enófilo atrás de um tipo raro de vinho. Eu, de minha parte, sou uma outsider nessa categoria. Enquanto ele percorre a loja, eu fico parada num canto e me sinto assoberbada pela mesmice daquilo tudo.

Talvez não exista melhor maneira de se verificar os valores do consumo de massa de uma cultura do que visitar um lugar onde os habitantes da tal cultura comprem o básico da vida quotidiana — comida, sabonete, sapatos etc. Se um extraterrestre viesse visitar uma loja ou farmácia norte-americana, chegaria à conclusão de que nós somos um povo que tem prazer em descobrir agulhas num palheiro — de escolher um cereal em meio a um oceano de caixas de cereal, de escolher um sabonete no meio de um mar de sabonetes. E, de certa maneira, ele estaria certo. Nós achamos normal a frequência com que nos vemos na situação de tomar uma decisão de compra, no meio de uma infinidade de produtos.

Isso é ainda mais verdade nas categorias mais maduras de produtos. Quando uma categoria ainda é jovem, ela tende a ser dominada por um conjunto muito menor de produtos, ou até mesmo por um único produto. A Power-Bar original. O Walkman original. A Coca e a Pepsi. No entanto, à medida que a categoria vai evoluindo, o número de opções do produto dentro da mesma categoria tende a crescer exponencialmente. Hoje, só a PowerBar produz mais de quarenta variedades diferentes de sua barrinha de proteína, e a categoria de barras de proteína cresceu a ponto de incluir mais de sessenta marcas. Hoje, a Sony produz mais de duas dúzias de variedades do Walkman, e a categoria de rádios estéreos pessoais é constituída por mais de cem opções. Aliás, a maneira rápida de se aferir o grau de maturidade de uma categoria é simplesmente mapear a quantidade de variações de um produto que ela contém.

evolução de um produto na categoria

E, no entanto, seria um erro acreditar que a proliferação de produtos gera uma diversificação deles mesmos. Muito pelo contrário, à medida que o número de produtos numa mesma categoria se multiplica, as diferenças entre eles começam a ficar cada vez mais ínfimas, chegando quase às raias do absurdo. Faça um teste. Pegue uma categoria de produto qualquer, como sabonete, cereal ou sapatos, e faça uma lista do que é diferente entre os produtos dessa categoria. A lista provavelmente vai ser bem grande, mas uma quantidade enorme dessas diferenças será, com toda a certeza, mínima. Colocando de outra maneira: a categoria chegou a um ponto em que a heterogeneidade de um produto passa a ser vivenciada como se os produtos fossem homogêneos. O que não quer dizer que as distinções entre os produtos não existam; quer dizer que elas só são reais na mesma medida em que palavras sinônimas só diferem levemente em suas conotações. O azul é uma cor distinta do vermelho de maneira muito diferente que o azul-turquesa se distingue do azul-marinho.

Para um negócio, essa é a hora em que competir na categoria começa a se tornar problemático. Porque é nessa hora que pode ser necessário um especialista na categoria — um *connoisseur* — para lidar com ela com facilidade.

De muitas maneiras, o conhecimento de um produto pode ser comparado a falar uma língua. Ele pertence àquele tipo especial de conhecimento que pode ser um portal para um universo de novas compreensões e interpretações. É como um acesso; como ser membro de um clube; uma autoridade. E se uma pessoa que não é fluente parece perdida em comparação, é porque ela está mesmo. Sem ter os meios para entrar naquele mundo de maneira inteligente, quem não fala uma língua vira um outsider no sentido mais literal da palavra.

Uma das maneiras mais fáceis de se virar conhecedor de alguma coisa é pela imersão. Se houvesse uma lei que dissesse que todo dia é Halloween, não demoraria muito até todo mundo virar uma autoridade em balas e guloseimas.

Mais fácil ainda é ser apresentado a uma categoria de produto quando ela ainda é relativamente jovem. A razão para isso é que as categorias de produto tendem a se desdobrar de maneira cumulativa: um telefone celular que só servia para fazer ligações telefônicas recebe um *upgrade* e, com o tempo, passa a mandar mensagens de texto, tirar fotos, gravar vídeos etc. Se você for capaz de introjetar as complexidades do produto à medida que elas vão surgindo, o domínio que você tem da categoria vai aumentar sem ser necessário muito esforço. Você simplesmente evolui e amadurece como consumidor ao passo que o próprio mercado evolui e amadurece.

É muito mais complicado para o cérebro pegar uma categoria quando ela já está no meio do caminho. Se um dia você decidisse virar chef de cozinha, a sua educação teria de incluir não só cozinhar, mas também fazer distinções sutis entre esse e aquele tipo de utensílio, esse e aquele tipo de pimenta... E, embora parte desse processo com certeza desse prazer, uma parte certamente ia se parecer com um dever de casa, e seria necessário tempo e esforço antes que você fosse capaz de fazer escolhas bem informadas, com um nível de conforto parecido com o de um veterano.

Dito isso, não é difícil de se identificar os experts de uma categoria. A pista quase sempre é o *modus operandi* deles. Eu tenho uma colega que é psicótica em relação aos objetos para escrever que ela compra; ela não vê nada de mais em passar até meia hora na seção de canetas e tintas da Staples analisando as ofertas disponíveis como uma epicurista em busca da comida perfeita. Ela virou uma perita da categoria. Tenho um vizinho, um vendedor, que passa a vida na estrada, que é superexigente no que se refere ao tipo de laptop que ele usa. Ele compara e pesa meticulosamente os aparelhos, observando as diferenças de peso e de durabilidade da bateria, entre dezenas de computadores portáteis que existem no mercado. Meu vizinho virou um expert nessa categoria.

Nas categorias de que somos conhecedores, nos tornamos, de muitas maneiras, os clientes ideais. Somos máquinas de fazer compras. Discriminamos, nos informamos e introjetamos a lógica da categoria, com todas as suas filigranas. Somos capazes de curtir as peculiaridades de uma Canon EOS 40D, em comparação a uma Nikon D90, ou de um sabão em pó Tide 2x Ultra em comparação ao Ultra Purex Powder, e, assim, lidar com a categoria, não só com confiança, mas também com erudição. E como o conhecimento profundo caminha lado a lado com a devoção, geralmente sentimos uma forte afinidade pela categoria. Mais do que experts, viramos aficcionados.

Mas mesmo essa expertise tem um ciclo de vida. Em algum momento, as diferenças entre os produtos podem passar a ser tão sutis e incrementais que até os devotos da categoria deixam de apreciá-las. A pessoa que ama determinada língua pode adorar conhecer vários sinônimos para uma mesma palavra, mas mesmo assim é difícil entender o sentido de saber cem maneiras diferentes de se referir a "azul".

Todos podem pensar em categorias em que isso aconteceu com a gente. Assim como o meu vizinho, eu costumava investir meu tempo na procura do laptop perfeito, que oferecesse o equilíbrio ideal de preço, peso e capacidade de processamento, mas a categoria deixou de me encantar... de modo que qualquer laptop da subcategoria leve já está de bom tamanho para mim. Da mesma maneira, eu costumava comprar um detergente de determinada marca, tipo e tamanho... mas há muito tempo parei de acompanhar as novidades no mercado de detergentes.

Em outras palavras, pode haver um momento na maturação de uma categoria em que mesmo os compradores mais assíduos param de acreditar que todo o trabalho de comparar os produtos vale o esforço despendido: é a dona de casa que se dispõe a comprar um produto mais barato; o vendedor que põe o pé na estrada que não faz mais questão de ter o laptop mais quente do mercado. Esse pode ser um ponto de inflexão perigoso no ciclo de vida de uma categoria; quando a proporção de diferenciadores comparativos, em relação aos não diferenciadores, começa a mudar de direção. Nessa hora, a categoria passa a se constituir de um número menor de devotos, que se concentram em diferenças que parecem ser quase idiossincráticas, paralelamente a um número cada vez maior de clientes que começam a suspeitar que as diferenças simplesmente já não distinguem nada.

Quando uma categoria chega a esse ponto, eu diria que é possível começar a se segmentar o mercado apenas de acordo com as estratégias que os clientes passam a adotar para lidar com a crescente cacofonia do mercado. Eu vou apresentar esse esquema de segmentação mais adiante. Por ora, basta dizer que esses segmentos de clientes incluem os pragmáticos, os relutantes, os oportunistas etc. O que todos esses segmentos têm em comum é o fato de serem compostos por pessoas cuja afeição pela categoria foi se dissipando com o tempo, substituída por uma combinação de indiferença, cinismo e confusão.

Por que isso é perigoso? Porque a alma do sucesso de uma empresa é a capacidade de competir; e esta, por sua vez, depende da capacidade de se diferenciar dos concorrentes. Diferencie-se ou morra, diz o ditado. E, no entanto, quando uma categoria chega a um ponto em que um número cada vez maior de consumidores se torna cético sobre as diferenças entre as marcas e os produtos, a diferenciação dentro daquela categoria corre o sério risco de se tornar insignificante.

Uma indicação de que uma categoria chegou a esse ponto é que a dedicação a ela não só começa a cair, como a manifestação dessa devoção começa a parecer uma esquisitice. Para se estar por dentro da categoria é preciso ter uma obsessão sobre diferenças quase imperceptíveis. Todos nós conhecemos pessoas desse tipo — gente que chega a ser histérica sobre o tipo de meia que usa, ou que defende com um alarde fora do normal os méritos de determinado amaciante de roupas. A lealdade, em casos como esses, exige o mesmo tipo de descaramento de uma excessiva sensibilidade aos preços: você tem de estar disposto a mostrar que se preocupa profundamente com uma coisa que uma pessoa normal veria como sovinice. E esse é um mau cenário para uma empresa: quando a devoção exige um nível de exigência e de comprometimento que chega às raias da excentricidade.

Quando uma categoria chega ao ponto em que é possível fazer troça das pessoas que continuam a acreditar nas diferenças entre os produtos, ela chegou ao ponto que eu chamo de homogeneidade heterogênea: as diferenças existem, mas elas estão perdidas num oceano de mesmice. Observe que o quociente de gozação de uma categoria está diretamente relacionado à quantidade de diferenças inócuas que existem nela.

O mundo dos negócios tem os seus truísmos, assim como há truísmos nos esportes, no jogo e na vida — verdades óbvias e evidentes, sobre as quais não é necessário nenhum esforço de convencimento. Compre na baixa e venda na alta. Conheça os seus concorrentes. Ouça os seus consumidores. São todos axiomas que não só atingiram o nível de sabedoria comum no ramo do comércio como também se tornaram parte do reflexo moderno do mundo dos negócios. E como essas pérolas de sabedoria se tornaram quase congênitas, quando elas são contestadas, nós tendemos a ficar não só na defensiva como também a menosprezar as contestações.

Quando o basquete instituiu a regra de concluir os ataques em 24 segundos, isso foi feito para maximizar a quantidade de pontos por partida; desse momento em diante, não era preciso nem dizer que, para ganhar uma partida, seria necessário marcar o máximo de pontos possível. E foi isso o que tornou a ascensão do Boston Celtics, em 1956-1957, um momento de ruptura tão marcante na história desse esporte: o Celtics era um time de defensores, e não de cestinhas. Comandado pelo magnífico virtuoso da defesa Bill Russell, eles desafiaram a lógica convencional sendo campeões não só uma, mas 11 vezes em 13 anos.

Naquela época, a maioria dos fãs estava pronta para dizer que Russell não passava de uma aberração, um fenômeno do esporte com uma capacidade fantástica de fazer o que os outros não conseguiam. De maneira mais geral, quando um desafiante chega e consegue, com sucesso, fazer troça da ortodoxia reinante, a reação inicial mais comum é tratar a exceção como algo excepcional, em vez de dizer que a regra é falha. Isso tem seus motivos. Muitas vezes, uma aberração é só isso mesmo: uma aberração.

Mas, às vezes, a tal aberração pode ser sinal de alguma coisa mais profunda, como uma mudança no meio, que talvez traga em si o potencial de solapar as bases nas quais nós operamos quase por instinto. Na NBA de hoje, alguém pode ser campeão se defendendo, e todo mundo sabe disso. E por que nós passamos a acreditar nisso? Porque, quando uma exceção começa a acontecer com regularidade, o senso comum começa a ceder sob o peso das novas provas, até que finalmente se percebe que a antiga verdade não passava de um mito —

uma falsa crença coletiva ou, em alguns casos, uma relíquia ideológica.

O que faz as coisas serem um pouco mais complicadas é que, às vezes, a diferença entre mito e verdade é só uma questão de tempo. Há uma geração, os times ganhavam campeonatos *atacando*. Hoje acontece o contrário. Nas décadas de 1960 e 1970, as palavras "novo e aperfeiçoado" realmente *significavam* alguma coisa para as pessoas. Hoje, essas mesmas palavras não significam muito. O que é verdade durante o dia pode se tornar falso ao cair da noite. Esse é o problema das mudanças: elas costumam acontecer em tempo real, o que significa que vai haver momentos ambíguos em que os resquícios de uma antiga verdade continuam de pé, mesmo que parte dela esteja desabando.

Acredito que atualmente estejamos vendo uma mudança desse tipo no mundo dos negócios. Uma das teses do meu livro é que, numa série de categorias de produto, é mais do que visível que a diferenciação competitiva não passa de um mito. Ou, para ser mais precisa, as empresas coletivamente se prenderam tanto a um ritmo particular de competição que elas aparentemente perderam de vista qual é seu encargo — que é criar nichos significativos de separação entre si. Consequentemente, quanto mais competem, menos se diferenciam.

Nessas categorias, existe uma proliferação da mesmice, e não das diferenças, pelo menos na visão de todo mundo que não seja um ardoroso conhecedor da categoria. Os produtos se embaralham uns com os outros nas mentes dos consumidores. O fato de a Verizon travar uma concorrência feroz com a AT&T Wireless é totalmente insignificante para qualquer um que não consiga ver a diferença entre o que essas duas empresas oferecem. Se um marciano chegasse aos Estados Unidos, iria pensar que existe um conluio de marcas conspirando em quase todas as categorias.

O grau em que a verdadeira diferenciação se tornou uma raridade fica ainda mais claro quando você dá uma olhada à sua volta. Em muitas categorias de consumo — cereais, planos de telefone celular ou tênis —, é difícil dizer o nome de uma única marca que se destaque pela singularidade.

Eu me lembro de uma brincadeira que os meus filhos gostavam muito de jogar chamada "pique perpétuo". Era um jogo meio misterioso, uma combinação esquisita de correr, perseguir alguém, ficar estático e de brincar de "pedra, papel ou tesoura". Pelo que eu pude ver, as regras básicas do jogo são as seguintes: um grupo de crianças — independentemente de sexo, idade e aptidão para a corrida — compete entre si. O jogo embute uma aleatoriedade suficiente para permitir que os mais fracos continuem no jogo e impedir que os mais fortes dominem a cena. A qualquer momento alguém pode estar na frente, mas nunca por uma grande diferença e nunca por muito tempo (a liderança se alterna frequentemente); e não existe um fim natural para o jogo — teoricamente, ele pode durar para sempre. Enfim, o bom do jogo — pelo menos do ponto de vista dos pais — é que, apesar de as crianças gastarem muita energia e todo mundo se envolver bastante no processo, o ritmo circadiano do jogo faz com que seja quase impossível que alguém se destaque.

A metáfora deve ser evidente. A premissa central da primeira parte deste livro é que, em tantas categorias de produtos de consumo, é difícil encontrar alguma coisa de diferente, porque nós caímos num tipo de competição que, por si só, se tornou um impedimento para o aparecimento das diferenças. Na Parte 1, eu também sustento que os negócios que se viram presos nesse padrão específico de disputa competitiva se tornaram mestres em criar categorias de produtos repletas de homogeneidade heterogênea, ou de clones levemente distintos, se você preferir. O que equivale dizer que eles se tornaram mestres num tipo específico de imitação. Não de diferenciação, mas de imitação. No entanto, como esse tipo específico de imitação vem camuflado sob a expressão de "diferenciação", o mito da segregação competitiva continua a existir na cabeça dos gestores que administram essas empresas. Enquanto isso, o imperador está nu, e a maioria dos consumidores sabe disso.

Felizmente, a narrativa também contém uma segunda parte.

Quando os cenários mudam e as verdades profundamente arraigadas começam a se desfazer, o primeiro a se livrar do mito larga em vantagem. Na Parte 2 deste livro, eu defendo que, se formos identificar as histórias de negócios mais instigantes dos últimos vinte anos, uma quantidade desproporcional dessas histórias, em cada categoria, poderia ser descrita como exceção à regra. Poderiam ser consideradas as versões do mundo dos negócios para o que o Celtics foi nos anos 1950, o que significa que a ascensão dessas empresas pode ser entendida como indicação de que a paisagem estava mudando e de que os velhos conceitos estavam prestes a abrir caminho para os novos.

Isso significa que uma análise cuidadosa dos destacados pode levar a insights bastante ilustrativos. É fácil esquecer que sempre foi assim. Qualquer um pode aprender a escrever ou compor uma música, mas os virtuosos que historicamente mereceram os maiores elogios foram aqueles que se mostraram dispostos a ampliar os limites do texto, da música ou da arte em novas direções. Em todos os campos, a experiência passada nos mostrou que as pessoas a que se deve prestar atenção são aquelas que compreendem as regras tão bem que elas também entendem a necessidade de quebrá-las. São os jogadores que nos obrigam a nos confrontar com a fragilidade das nossas premissas.

E eu acredito que se possa dizer o mesmo do mundo dos negócios. O percentual de empresas que são realmente capazes de conseguir uma separação competitiva nas categorias em que atuam — romper a barreira da mesmice barulhenta e alcançar uma autêntica identificação emocional com os consumidores — é tão pequeno que chega a ser deprimente. Mesmo assim, os destacados têm muito a nos ensinar sobre as limitações de algumas das premissas mais profundamente arraigadas do mundo dos negócios. Por isso, enquanto a Parte

1 deste livro deverá ser lida como crítica, a Parte 2 vai se parecer mais com uma celebração, uma homenagem a esses iconoclastas e suas maneiras de fazer negócios.

É claro que existem algumas armadilhas ao se escrever um livro em que os independentes saem vencedores. Existem modismos na academia, tanto como na indústria do vestuário, na mídia e no entretenimento, e a ideia do protagonista ser alguém que quebra as regras existentes já virou um modismo à la Harry Porter, a ponto de virar clichê. É por isso que a segunda parte deste livro não se presta tanto a coroar esses independentes, mas também para desconstruir e desmistificar o que eles conseguiram, de maneira que as realizações deles se tornem acessíveis para todos nós.

Ao mesmo tempo, tenho de ser totalmente franca: este não é um livro de "como fazer". A razão de eu achar os livros de "como fazer" frustrantes é que sempre existe uma pequena chance de as pessoas os levarem ao pé da letra. O que os empresários precisam, hoje, é de um novo conjunto de insights, não de um novo manual de instruções. Por isso, na terceira parte deste livro, eu me dedico, numa série de reflexões, a iniciar uma conversa sobre uma nova maneira de se pensar sobre a concorrência em geral e, mais especificamente, sobre a diferenciação competitiva.

Nesse sentido, o desafio de escrever um livro como este é que todas as frases de efeito já foram escritas. Quebre as regras. Ignore o senso comum. Seja radical.

Descarte o antigo e abrace as novidades. Assim, a pergunta é: como se pode dar um peso a palavras que já soam mais do que batidas?

Não há uma resposta fácil para isso. No entanto, se você passar pela seção de livros de viagem da sua livraria favorita, vai encontrar dois tipos de livros. A seção vai ser dominada por títulos mais ou menos assim: *Caribe 2010*, de Fodor. *Itália para leigos*. *Europe from $85 a Day*, de Frommer. Esses, na verdade, são manuais de instruções, repletos de conselhos explícitos sobre aonde ir e o que fazer, apresentados na forma de listas, com tópicos, rankings etc.

No entanto, entremeando essa vasta coleção de manuais de instrução, também há um segundo conjunto de livros, que oferecem um discurso alternativo sobre os mesmos assuntos: *Notes from a Small Island*, de Bill Bryson. *Coming into the Country*, de John McPhee. *Até o fim do mundo*, de Paul Theroux. Nesses casos, você provavelmente não vai encontrar nada além das divagações pessoais dos autores e suas observações sobre, digamos, uma visita recente ao interior da Inglaterra, uma árdua expedição pela cordilheira do Himalaia ou um passeio bucólico pela floresta. Ao mesmo tempo, haveria poucos conselhos de viagem explícitos, pela razão implícita de que qualquer coisa tão pedante só serviria para afastar daquele que, potencialmente, seria o efeito mais duradouro de um livro assim: o de servir como um sutil lembrete de que, aonde quer que você vá, o que menos interessa é o que você vê, e o que vale mesmo é a maneira como você se dispõe a ver.

Eu digo isso porque um argumento central da parte final do livro é que os processos geram os resultados; isto é, que a maneira como as pessoas se dedicam à competição tende a cultivar o conformismo e a convergência no mundo dos negócios. É por isso que eu acredito que nós precisamos de uma nova prática. Precisamos desenvolver novos hábitos, novas disciplinas e novas convenções em torno do exercício da competição. Mais importante: nós precisamos construir uma nova cultura de disposição competitiva que crie, no mínimo, a possibilidade de que surja um resultado extraordinário.

Por isso, permita-me, por favor, conduzi-lo nesse tour pelo mundo do consumo, como eu o vejo. Eu posso me alongar um pouco e até descambar para a linguagem acadêmica de vez em quando, mas tenha em mente que o valor de um diário como este deve ser medido pelo rebote. Que é a minha maneira de dizer que, no fim das contas, interessa menos o que está escrito nestas páginas do que aquilo que ficará na sua cabeça depois que você as ler.

parte 1

o rebanho
competitivo

(uma crítica)

o instinto
de rebanho

quando garota, eu tinha uma professora que costumava incentivar os alunos a tomar vários copos de leite. De certa maneira, ela desenvolveu a tese de que o leite aumentava o intelecto de uma pessoa. Para essa professora — uma pedagoga por vocação e formação —, não havia nada de mais precioso, nenhuma moeda mais valiosa do que a inteligência.

De vez em quando, um dos alunos perguntava de chofre:

— O que é inteligência?

E ela sempre se saía com uma resposta diferente:

— A inteligência são as primeiras palavras de um bebê.

— A inteligência é a piada que Hyun-Ju fez na aula de matemática, hoje de manhã.

— A inteligência são três irmãos de mãos dadas.

— A inteligência é amarela.

Estas respostas nos deixavam doidos, e hoje, trinta anos depois, é interessante pensar no porquê. Como crianças, estávamos pedindo a ela que nos descrevesse alguma coisa da maneira mais direta possível. E, embora ela respondesse sempre de forma franca e amistosa, as respostas que dava se fundavam em expressões que não tinham nenhuma relação aparente com o que ela estava descrevendo. Para ser honesta, era tudo meio louco.

Dito isso, hoje eu simpatizo mais com essa minha professora do ensino fundamental. Ao longo dos anos, aprendi que uma descrição também pode ser um pequeno desafio para quem descreve; quanto mais você tenta se aprofundar na essência de algo, mais tem de se esforçar para chegar às palavras certas para ser justo com o que está descrevendo. A beleza disso tudo é que é possível modelar as palavras numa variedade infinita de combinações para ajudá-lo. O problema é que, quando elas são modeladas de maneira inesperada ou excessivamente ambiciosa, o resultado pode ser quase impossível de ser interpretado pelo interlocutor.

Como adulta, eu vi os dois lados dessa moeda. Quando vejo um crítico descrever determinado vinho como "um tanto desafiador, mas com um apelo significativo para o cérebro" ou tendo "um toque de mentol e eucalipto verde na entrada", com "notas generosas de baunilha e mel de acácia na saída", nunca sei bem o que fazer com esse tipo de informação. Da mesma maneira, existem poucas coisas mais frustrantes para mim do que ler uma resenha de mais de 2 mil palavras sobre a última estreia do cinema, só para me sentir insatisfeita. É como se o crítico tivesse se encantando tanto com a beleza das próprias palavras que acabou deixando de lado as perguntas mais básicas do leitor. Sim, as atuações foram "comerciais" e a iluminação, "nervosa", mas será que o filme presta? Vale a pena ser visto?

Por outro lado, todo ano, cerca de duzentos alunos se inscrevem para ter aula comigo. Se você me pedisse para caracterizar essa turma, provavelmente esperaria que eu respondesse dentro de um padrão previsível. Você não iria esperar que eu lhe dissesse que eles são "à prova de som", "tão maleáveis que se pode até moldá-los com as mãos" ou que eles precisam "ser regados diariamente". Você esperaria que eu dissesse que eles são inteligentes, sagazes, gentis e extrovertidos. Uma boa descrição é aquela que captura as distinções dentro de certas dimensões que fazem sentido para todos nós. Se ela não consegue isso, nós não temos maneira de saber onde alocar na cabeça a entidade que foi descrita.

Mas, mesmo sabendo disso, eu me sentiria tentada a enfeitar a descrição dos meus alunos para ser mais justa com eles, o que acabaria me levando de volta à espinhosa questão do vocabulário. Na hora de se retratar algo tão complexo como, digamos, uma pessoa ou um grupo de pessoas, existem muitas palavras com as quais se pode jogar. Uma pessoa pode ser descrita como sendo antipática, exótica, amarga, frágil, loquaz ou enérgica. É o mesmo problema das variações infinitas.

É aqui que um método uniforme de descrição pode ser útil. O que um método uniforme de descrição faz é disciplinar as palavras. Ela cria um campo comum para as nossas definições, ao nos obrigar a usar um conjunto fixo de palavras comuns, ao mesmo tempo que impede o uso de uma variedade infinita de manobras de vocabulário.

Pense, por exemplo, num dos métodos de descrição mais comuns: o teste padrão de personalidade. Um teste de personalidade é uma ferramenta de medição desenhada para descrever a personalidade de um indivíduo dentro de um conjunto predeterminado de dimensões. Existem, é claro, muitas variedades desse teste, mas uma bem rudimentar pode ser extraída com apenas duas dimensões razoavelmente autoexplicativas: dominador/submisso e simpático/antipático.

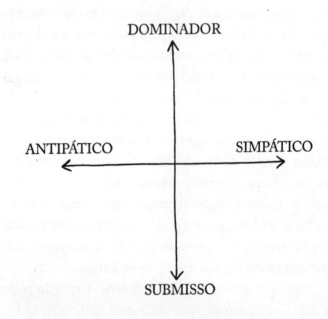

A vantagem desse tipo de medição é o grau com que ela consegue capturar uma quantidade desproporcional de informações com tamanha economia. A maioria dos testes de personalidade inclui quatro ou cinco dimensões. Mas até uma métrica crua e bidimensional como essa pode ser incrivelmente reveladora. Dizer que alguém é "submisso e antipático" já diz muita coisa sobre ele. É claro que você poderia incluir mais um conjunto de descrições (como "passivo-agressivo", "emburrado" e "ressentido") para extrapolar ainda mais a complexidade, mas o núcleo da descrição já está aqui. E é isso o que faz uma boa medida descritiva: ela vai no xis da questão, captura a essência de uma caracterização que, de outra maneira, poderia se estender infinitamente.

Além disso, é impossível se estudar um mapa de 2 x 2 como esse e não se projetar pessoalmente nele. Não ia demorar muito para perceber em que quadrante você se encaixa; da mesma maneira, não ia ser muito difícil imaginar onde colocar seus amigos, parentes ou colegas de trabalho.

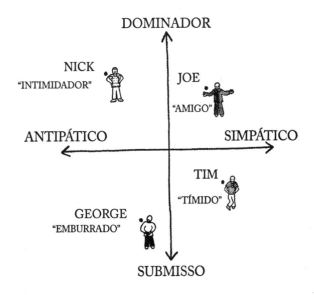

Este é o segundo elemento de uma boa métrica descritiva: ela é um convite às comparações. Ela mostra a individualidade de maneira que viabiliza conexões que até esse ponto não eram óbvias. (Nesse sentido, pode até se tornar um vício.) Ela gera comentários do tipo "Ah, é por isso que George sempre me fez lembrar de Richard".

O que os homens de negócios fazem com os produtos e com as marcas não é diferente do que os psicólogos fazem com as pessoas: eles confiam em ferramentas de descrição para desnudar a essência do que estão tentando entender. As métricas também são geradas de maneira análoga, ao se pedir às pessoas para fornecer as percepções que elas têm de certa marca ou determinado produto e, então, usar essas percepções para plotar a marca ou o produto num diagrama como este:

Os gerentes de marcas chamam esses diagramas de mapas de posicionamento, e utilizam versões diferentes, dependendo da categoria do produto. Um típico mapa de posicionamento para a categoria hotéis, por exemplo, pode ser ancorado nas dimensões de preço, luxo, serviço e localização. Um mapa de posicionamento para a categoria laptops pode se ancorar nas dimensões de preço, características, qualidade e peso.

Depois de ser criado, o mapa de posicionamento pode acabar se tornando a base para a estratégia competitiva de uma companhia, não só porque ele fornece uma fotografia instantânea da personalidade de certa marca aos olhos dos consumidores, mas também porque ele faz o mesmo com a concorrência. Ao plotar todas as ofertas de uma categoria num único mapa, as empresas podem comparar e contrastar suas forças e fraquezas em relação aos demais jogadores.

Para os consumidores, um retrato instantâneo desses pode ser informativo pela razão inversa. Ressuscitando o pobre extraterrestre do capítulo anterior, pense em como um 2 x 2 básico o teria ajudado a se posicionar naquele bizantino corredor de cereais:

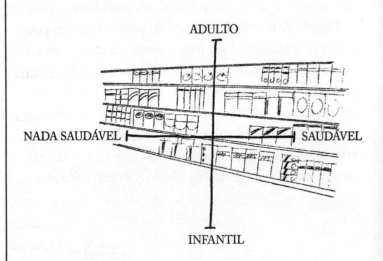

Podemos não nos dar conta disso, mas todos nós usamos esse tipo de fotografia instantânea de vez em quando. Fui apresentada ao relatório de faculdades do *U.S. News & World Report* pela primeira vez há vinte e poucos anos. Naquela época, houve duas coisas que eu achei assustadoras no relatório. A primeira era como a transparência dele era radical. Numa época em que as universidades se contentavam em confiar em percepções amorfas de "reputação" para atrair estudantes, aquele relatório não ocultava nada. Ele expunha as entranhas empíricas das instituições — custos, pontos no vestibular, número de alunos para cada professor — com um nível de detalhe que seria impossível para um candidato comum obter. Era como ver "por dentro" uma faculdade pela primeira vez.

A segunda era o grau em que um relatório daqueles se tornava um convite às comparações. Na verdade, o relatório era um mapa de posicionamento competitivo na forma de tabela, e a consolidação dos dados tornava impossível não se jogar uma faculdade contra a outra, numa ou noutra dimensão.

Da mesma forma, como consumidores, nós usamos esse tipo de métrica comparativa o tempo todo. Os dados podem não estar necessariamente à nossa disposição na forma de um gráfico, mas isso não importa. Independentemente de eles envolverem universidades, hotéis ou automóveis, essas medidas podem ser incrivelmente viciantes — e até mesmo dar uma sensação de poder — em sua capacidade de passar tantas informações com tamanha eficiência.

Mas as medidas podem ajudar ou atrapalhar. No atletismo, nós costumamos medir a velocidade, e desse modo formamos um país de velocistas. Se, em vez disso, nós medíssemos o estilo de corrida, cultivaríamos um país de gazelas. Na hora em que nós optamos por medir alguma coisa, estamos, basicamente, optando por esse tipo de aspiração. Em outras palavras, uma medida cria uma seta que aponta numa determinada direção. E, depois que se cria uma seta, é só uma questão de tempo até os competidores partirem naquela direção, como se fossem um rebanho.

Nas décadas de 1980 e 1990, uma série de hospitais importantes concordou em tornar públicas suas taxas de mortalidade. Esse acordo foi considerado um marco da transparência no mundo dos hospitais, prometendo dar aos pacientes o tipo de informação confidencial a que eles jamais tiveram acesso anteriormente. Se a missão de um hospital é curar, então qual a melhor maneira de se auditar o desempenho de um hospital senão dando a medida final de sua capacidade de cura?

No entanto, logo ficou claro que a taxa de mortalidade de um hospital é um conjunto de fatores muito delicado — incluindo o tipo de paciente que se aceita, a quantidade de pesquisas experimentais feitas pelos médicos e o tipo de serviço que se proporciona —, e cada um pode influir no objetivo pretendido pela medida.

Para ser de uma franqueza brutal, logo ficou evidente que a maneira mais simples para um hospital melhorar a sua taxa de mortalidade seria simplesmente parar de aceitar os pacientes em estado grave. No entanto, se todos os hospitais fizessem isso, o efeito geral no sistema de saúde seria preocupante: haveria menos hospitais aceitando os casos mais complexos, fazendo experiências com os tratamentos mais arriscados e se tornando especialistas nas doenças mais difíceis de se tratar. Os hospitais não ficariam melhores, mas iam ficar mais parecidos uns com os outros.

Nos últimos anos, o sistema de ranking das faculdades passou a ser atacado exatamente por isso: por diminuir a probabilidade de as universidades fazerem experiências com modelos pedagógicos que possam não se sair bem nessas medidas. Os rankings tornaram perigoso ser anticonformista.

Portanto, esse é o problema com os sistemas uniformes de medição: quanto mais arraigado um sistema de medição, mais difícil se torna surgir um contestador, um destacado ou até mesmo um experimentador. Outra maneira de se colocar isso é dizer que uma medida competitiva, *qualquer* medida competitiva, tende a despertar o seguidor que existe dentro de nós. Essa dinâmica pode ser comparada ao efeito do observador na física, só que aplicada sem se perceber: o ato de se medir uma coisa muda o comportamento da coisa que está sendo medida.

Aqui vai mais um exemplo. A Jeep é uma marca com um histórico respeitável na categoria de veículos esportivos utilitários e, pelo menos na minha opinião, merece boa parte do crédito pelo desenvolvimento desse tipo de carro nos Estados Unidos. Há vinte anos, essa marca era sinônimo do conceito de transporte 4 x 4 em terrenos acidentados, tanto que uma métrica de percepção de resistência que comparasse a Jeep às imagens de concorrentes como Nissan e Toyota teria sido francamente favorável à Jeep. Por outro lado, uma comparação com essas mesmas marcas numa dimensão como, digamos, confiabilidade, teria favorecido a Nissan ou a Toyota.

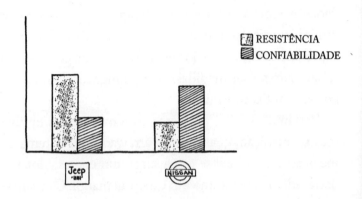

Hoje, esses dois diagramas estariam mais ou menos assim:

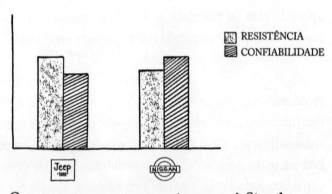

O que aconteceu nesse meio-tempo? Simplesmente, resistência e confiabilidade se tornaram as medidas-padrão pelas quais as montadoras de automóveis medem forças na categoria de utilitários esportivos, o que significa que as marcas que estavam para trás nessas duas dimensões correram para descontar o prejuízo. Multiplique esse efeito por todas as outras dimensões que servem de medida para os utilitários esportivos —

quilômetros por litro de gasolina, segurança, conforto etc. — e o efeito cumulativo terá sido uma homogeneização gradual das ofertas dentro da categoria, com o passar do tempo:

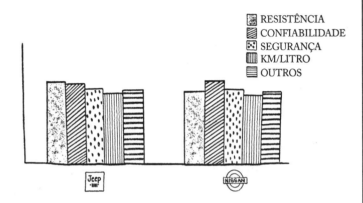

Essa mesma tendência competitiva é encontrada em todas as categorias. Há dez anos, a Volvo era uma marca conhecida pela sua praticidade e segurança, enquanto a Audi era conhecida pelo seu design esportivo; hoje, a Audi ganha da Volvo nos testes de segurança, enquanto os anúncios da Volvo fazem tudo para assegurar aos clientes que dirigir um de seus carros é *cool*.

Essa dinâmica é muito parecida com aqueles concursos de popularidade em que todo mundo tenta ganhar sendo igualmente simpático, alegre, ativo e divertido. Ou uma campanha eleitoral, na qual todos os candidatos tentam ser charmosos, sérios, humildes e fortes. Quando todos fazem as mesmas coisas, ninguém se destaca.

Nem mesmo os consumidores são imunes a esse tipo de comportamento. Peça aos usuários da Volvo alguma sugestão sobre como melhorar a marca e eles vão lhe dizer que adoram o foco que a montadora tem na segurança, mas será que dava para incrementar um pouco o sex appeal do carro? Peça a mesma sugestão aos usuários da Audi e eles vão responder exatamente o contrário. Na verdade, o problema de se perguntar aos consumidores o que eles querem é que eles não só vão pedir aquilo que eles não têm, como os pedidos, na maioria das vezes, vão girar em torno do que é oferecido pela concorrência. Esse é um dos (muitos) problemas da pesquisa de mercado. E assim nós acabamos tendo um Volvo que se parece com um Audi e um Audi que parece um Volvo.

A diferenciação tem um custo. E existe um preço a se pagar pela excelência, em qualquer modalidade. Uma faculdade que dê ênfase à didática não vai ter, necessariamente, as melhores unidades de pesquisa. Um jogador de tênis com um excelente saque e voleio não vai ter, necessariamente, o melhor fundo de quadra. Os consumidores nem sempre entendem isso. É por esse motivo que, se você estiver procurando um meio-termo, aí sim, deverá fazer uma pesquisa e descobrir o que as pessoas estão dizendo. Mas se você estiver procurando uma solução *única*, a última coisa que deveria fazer seria uma pesquisa de opinião.

Quando eu comecei a dar aula, há muitos anos, no meu tempo de mestrado, achei que tinha inventado uma maneira sutil de incentivar dezenas de alunos que tinham se inscrito para o pequeno seminário que eu ministrava. No meio do semestre, decidi dar a eles um retorno bastante detalhado de como estavam se saindo até ali. Alguns dias depois, um dos meus melhores alunos entrou na minha sala com uma expressão preocupada. Eu tinha lhe dado uma avaliação de meio período que devia ser mais ou menos assim, em comparação aos colegas:

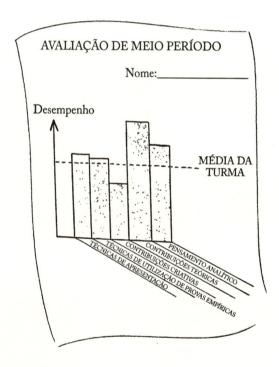

A pergunta que ele queria me fazer era: como ele poderia melhorar suas contribuições criativas para os debates?

Foi só depois que meu aluno saiu e que se passaram mais algumas semanas no período que o efeito acumulado do feedback se tornou visível para mim: quase todo mundo da turma estava querendo melhorar seus pontos fracos. Os pensadores mais criativos se concentravam em melhorar sua técnica analítica, enquanto os pensadores mais analíticos procuravam melhorar suas contribuições criativas. Isso era claro tanto nos trabalhos escritos como nos debates orais. Ninguém estava mais apostando em seus pontos fortes. O resultado foi que os debates em sala de aula começaram a perder o brilho.

Uma coisa muito engraçada acontece na hora em que você começa a pôr as diferenças comparativas no papel: existe uma tendência natural nas pessoas que estão sendo comparadas de se dedicarem a atenuar as diferenças, em vez de acentuá-las. Eu estou sujeita a isso, tanto quanto qualquer um. Na minha carreira, eu mesma recebi relatórios de desempenho inúmeras vezes, em relação às minhas pesquisas, minhas aulas etc. No entanto, independentemente do quanto esse feedback seja forte numa dimensão, se o resultado geral for desigual em algum campo, sentirei uma urgência imediata de me esforçar para ter um resultado mais homogêneo.

As empresas também caem nesse tipo de armadilha. Se você fosse o gerente de marca de uma determinada montadora, e uma pesquisa de mercado revelasse a seguinte percepção da sua marca, para onde você dirigiria o seu esforço de marketing?

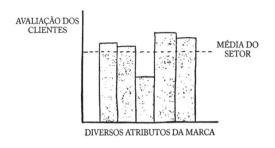

Eu diria que você iria sentir uma pressão para tratar dos "aspectos vulneráveis" da sua marca. Enquanto isso, talvez você nem pense em fazer o contrário — dobrar o investimento nos seus pontos fortes, aumentando ainda mais a distância para a concorrência.

E é assim que, no fim das contas, esforços bem-intencionados para monitorar sua posição competitiva — seja um mapa de posicionamento da marca, uma pesquisa de mercado ou qualquer outra forma de análise competitiva — podem se tornar num verdadeiro curral para a homogeneização. No tempo em que eu usava o feedback do meio do semestre com os meus alunos, nunca foi minha intenção diminuir a qualidade geral dos debates em sala de aula, ao sufocar as diferenças entre eles. Mas foi o que fiz. Da mesma forma, quando uma organização entrega relatórios de desempenho aos seus funcionários, a intenção não é cultivar uma força de trabalho homogênea, mas o fato é que isso pode acabar acontecendo.

No fim das contas, a verdade é que a verdadeira diferenciação — uma diferenciação *sustentável* — raramente é função de um arredondamento; o comum é que seja uma função do desequilíbrio. O mesmo vale para a excelência. Se você se visse diante de um neurocirurgião que também se apresentasse como ortopedista infantil e, ao mesmo tempo, dissesse que é especialista em aplicações de botox, você provavelmente encararia essas credenciais com ceticismo. Por quê? Porque, intuitivamente, você compreende que a excelência em qualquer extremo quase sempre envolve abrir mão de outras coisas. É como aquele típico retrato que o cinema faz do técnico de futebol que também dá aula de sociologia — ele pode ser um gênio do futebol, mas provavelmente não vai ganhar prêmio algum pelo que faz em sala de aula.

Dentro dessa lógica, se a Hummer desse início a uma campanha de publicidade exibindo seu veículo como um carro de família, isso prejudicaria sua mensagem de ser o f*dão da estrada. Se a Ferrari aparecesse com uma campanha publicitária que ressaltasse seu compromisso com a segurança das crianças, isso acabaria prejudicando sua imagem como fabricante do carro esportivo mais irado do mercado. Essa recusa de se buscar um meio-termo não só é um indicador de excelência como também de diferenciação. Isso vale tanto para marcas e produtos como para cirurgiões.

No entanto, para as empresas, o impulso de se encaminhar para uma abordagem mais "redonda" é difícil de resistir. E o efeito cumulativo disso é, em muitos casos, um retorno da manada em direção à média. Na hora em que eu escrevo isso, o Starbucks está fazendo testes com cafés da manhã baratos em suas cafeterias, enquanto o McDonald's faz testes com cafeterias em sua rede de lanchonetes.

No comportamento animal, a característica que define uma manada é a ausência de conluio; é a soma de comportamentos não coordenados de indivíduos preocupados consigo mesmos, que criam a ilusão apenas de um grupo único e uniforme que se move como se fosse apenas um indivíduo. Quando você vê a manada em ação, o que se vê é um ato coordenado onde não há um coordenador, ou aquilo que os cientistas chamam de um "sistema que se auto-organiza". Em outra parte deste livro, eu uso a expressão "conluio orgânico" para evocar exatamente esse tipo de colaboração não premeditada.

Uma colmeia é um sistema que se auto-organiza. Um formigueiro é um sistema que se auto-organiza. Rebanhos, fluxos de trânsito, Bolsas de Valores... todos são exemplos de sistemas que se auto-organizam.

A maneira mais fácil de se entender como um sistema desses funciona é simplesmente destrinchando um deles. Na década de 1980, Craig Reynolds ficou intrigado com o fenômeno dos pássaros que voavam em grupos coordenados. Com formação em animação por computador, ele decidiu tentar montar um programa que geraria um esboço do comportamento do grupo na tela. Ele começou programando cada passarinho artificial a seguir três regras muito simples: (1) evitar bater ou grudar nos pássaros que estavam junto dele; (2) manter o mesmo ritmo dos pássaros que estavam próximos (voando mais ou menos na mesma direção e na mesma velocidade); e (3) deslocar-se na direção da posição média dos pássaros à sua volta.

Embora ele soubesse que teria de aprofundar mais aquele trabalho, antes de dar por encerrado, ele foi em frente e rodou a simulação utilizando só essas três regras. Para sua surpresa, sem nenhuma programação adicional, os pássaros se agruparam perfeitamente. A contribuição de Reynolds para o campo da vida artificial foi a de reforçar a ideia de que, às vezes, tudo o que é necessário são indivíduos obedecendo a regras míopes e egoístas de comportamento para gerar a impressão de uma atividade coreografada.

O que é interessante no conceito de sistemas que se auto-organizam é o pouco que eles exigem dos participantes. Só existem dois requisitos essenciais para participar de um bando. O primeiro é um aparelho sensorial, uma conscientização do que as outras partes estão fazendo à sua volta. No mundo dos negócios, é exatamente isso o que os mapas de posicionamento competitivo fazem: eles nos dão nossa posição comparada às dos outros participantes e uma hipersensibilidade sobre onde estão nossos concorrentes mais próximos se comparados à nossa empresa.

O segundo é uma predisposição a fazer os ajustes necessários quando as partes ao nosso lado mudam de direção. Quando se fala de um bando, as regras de comportamento são incrivelmente reativas. Isso significa que, se os pássaros ao nosso lado começam a se virar para a esquerda, tem de haver uma predisposição para ir atrás deles. Se começarem a partir para a direita, a mesma disposição tem de existir.

No mundo dos negócios, não só existe essa predisposição como ela já está incutida no DNA. Nosso aparelho sensorial competitivo nos condicionou a não deixar as outras empresas se aproximarem demais, nem deixá-las se afastar muito. Por isso, quando a American Airlines obtém uma vantagem no setor de companhias aéreas com a introdução de um programa de milhagem, ou quando a Colgate obtém uma ligeira vantagem no setor de dentifrícios colocando no mercado uma pasta que ajuda a clarear os dentes, nós conhecemos muito bem como é a pressão para acompanhar o ritmo. De maneira mais geral, se a concorrência como um todo parece ir numa determinada direção, a predisposição para seguir para o mesmo lado pode parecer tão natural que chega a ser quase automática.

Essa tendência a se manter dentro do grupo pode ser especialmente forte em relação aos concorrentes mais próximos. Pense nisso: se a Universidade de Harvard decidisse dar um ano gratuito a todos os seus alunos, a pressão para seguir os mesmos passos recairia em cima de Yale e Princeton — e não da Universidade da Flórida. Se o Ritz-Carlton fizesse uma propaganda de uma lavagem a seco em 24 horas para todos os seus hóspedes, o Four Seasons sentiria mais pressão para igualar essa oferta do que se o Motel 6 fizesse a mesma oferta. É por isso que os grupos de concorrentes de uma mesma categoria parecem marchar num passo rigorosamente igual — porque é mais provável que o conformismo se manifeste em grupos de concorrentes que já são os mais parecidos.

E é por isso que o conluio orgânico pode ser tão endêmico em mercados em que a competição é acirrada. Quanto mais disputada é uma categoria, mais engalfinhada vai ser a concorrência, o que significa que (1) as empresas vão estar mais do que atentas aos movimentos dos concorrentes à sua volta e (2) maior será a propensão a dar uma resposta no mesmo tom. Não é preciso muito esforço para ver o quanto toda essa disputa pode acabar drenando as energias de uma firma; quando as empresas lutam com unhas e dentes por todo e qualquer ponto percentual de mercado, o furor dessa guerra competitiva pode ganhar vida própria.

Porém, uma empresa específica raramente percebe essa metadinâmica, pela mesma razão que os motoristas presos num engarrafamento raramente param para pensar sobre o papel que eles desempenham naquele congestionamento. Como o algoritmo de Craig Reynolds sugere com destacada elegância, às vezes a visão de dentro para fora pode ser muito diferente da visão de fora para dentro.

Foi Irving Janis quem, em 1972, popularizou o termo "pensamento de grupo" para descrever o fenômeno de pessoas de um mesmo grupo chegando a um consenso, sem que um teste crítico avalizasse suas ideias. A carga pejorativa desse termo vinha, de muitas maneiras, de um eco da mentalidade social da época; se você lembrar bem, a década de 1970 foi um momento em que víamos qualquer tipo de comportamento coletivo — especialmente aqueles que cheiravam a uma apatia orwelliana — com desconfiança. Quando eu era criança, conformismo era quase um palavrão. A pressão dos amigos era quase um palavrão. Psicologia de massas era um palavrão. Até mesmo a palavra "coletivo" evocava conotações "soviéticas".

Entretanto, nos últimos vinte anos, alguma coisa mudou. Houve uma mudança na maneira como nós nos referimos ao comportamento de grupo. Hoje, nosso vocabulário cultural é cheio de referências a um recém-descoberto otimismo quanto aos sistemas que se auto-organizam. Inteligência coletiva. Massas inteligentes. Sabedoria popular. O conceito central desse novo discurso é que o tipo de conluio orgânico que surge de decisões inteligentes e independentes pode levar a resultados ótimos e até mesmo bonitos.

Eu levanto essas duas perspectivas contraditórias não para argumentar que uma seja mais válida do que a outra, mas porque acredito que pode haver uma questão importante se elas forem conciliadas. O segundo ponto de vista nos lembra que existem cenários em que um único resultado comum pode ser benéfico para todos. Inteligência coletiva, filtros colaborativos, Wikipedia — em todos esses cenários é evidente que uma colaboração não premeditada tem o potencial de ser uma maravilha que nenhum tipo de orquestração poderia igualar.

O primeiro ponto de vista, no entanto, nos faz lembrar que existem momentos em que a convergência para um único resultado comum pode nos legar um resultado que é simplesmente sufocante. A pergunta crucial vem a ser se, numa determinada situação, existe valor na diversidade e no surgimento de múltiplos resultados divergentes. Numa pista de atletismo, nós até desejamos que todos os competidores corram na mesma direção; mas, em matéria de saúde ou de ensino superior, talvez esse não deva ser o caso.

Nos negócios, é claro, a diferenciação é geralmente considerada a primeira linha de defesa de uma empresa contra a comoditização. Teoricamente, quanto mais feroz a concorrência, maior deve ser o compromisso da empresa para se diferenciar. Mas a verdade é que eu vejo exatamente o contrário: quanto mais visceralmente as empresas competem entre si, menos diferenciadas elas se tornam, pelo menos aos olhos dos consumidores.

Além disso, existe mais uma ironia: em geral, os comportamentos de rebanho que eu descrevi neste capítulo partem daquilo que a maioria dos administradores vê como as melhores práticas de negócios. Conheça seus concorrentes. Ouça os consumidores. Elas exploram as características que a maioria dos administradores veria como sendo as melhores práticas. Vigilância permanente. Nenhuma complacência. Respostas rápidas.

Enquanto isso, os mesmos instrumentos em que esses gestores confiam para marcar e reforçar as diferenças — as métricas competitivas, os mapas de posicionamento e as pesquisas com os consumidores — acabam gerando o efeito contrário. Eles contribuem para o comportamento de manada, em vez de proteger as empresas dele. É como se toda uma comunidade tivesse sido traída pelos instrumentos da profissão.

Por isso, só de brincadeira, vamos imaginar a situação contrária. Imaginemos uma categoria em que dez empresas se vissem obrigadas a operar sem ver o que as outras estão fazendo. Ou, para sermos mais específicos, uma categoria em que todos os dez concorrentes teriam de tomar suas próprias decisões de negócio — sobre o que oferecer, como inovar, como precificar, como anunciar etc. — sem o benefício de saber onde eles se encontram em relação aos outros. Qual seria o resultado?

Eu diria que você teria dez empresas se dedicando a estratégias completamente diferentes. Ou, para usar a linguagem deste capítulo, dez pássaros voando em direções totalmente distintas.

Por favor, não me leve a mal, eu não estou dizendo que o mundo dos negócios deva funcionar assim. Estou mostrando a situação contrária para provocar, não para prescrever. Mesmo assim, para dar um passo a mais nesse cenário, o que você acha que aconteceria com essas empresas depois que elas estivessem voando?

Eu diria que algumas, com certeza, morreriam rapidamente, algumas provavelmente continuariam a voar sem maiores contratempos... mas, o que é mais importante, umas duas poderiam alçar voo para lugares realmente extraordinários.

Nesse mesmo sentido, como professora, eu aprendi que, quando tenho de passar um trabalho grande para os meus alunos, existem duas maneiras de fazer essa abordagem. Uma é dar uma lista de projetos e *benchmarks* bastante explícitos sobre os parâmetros pelos quais eles serão avaliados. A segunda é não dar nenhum *benchmark* explícito, nenhum parâmetro específico sobre o que norteará a avaliação — não fornecer nada além de deixar bem claro que as minhas expectativas pelo desempenho deles vão ser bem altas.

Quando eu uso a primeira técnica, os resultados são bastante previsíveis. No final do semestre, recebo vários projetos convencionais e seguros, muito fáceis de se comparar uns aos outros e uma moleza de se avaliar. Mas, quando uso a segunda tática, acontece uma coisa diferente. Evidentemente, tenho de passar um bom tempo no começo do semestre administrando a confusão dos alunos e a incerteza deles diante da falta de regras claras. No entanto, a recompensa vem no final do semestre, quando recebo diversos projetos que são os mais diferentes possíveis entre si. E embora alguns fiquem invariavelmente abaixo das expectativas, a maioria se sai bem... e sempre existem dois que alcançam o nível de excelência que eu nunca sonharia em pedir quando comecei.

Quando penso nos comentários que a minha antiga professora fazia sobre o que era inteligência, a razão pela qual eu ficava tão frustrada com as respostas dela é que elas simplesmente não conduziam a uma ação imediata. Eu queria *ser* inteligente, e as respostas dela não me informavam como. O que eu realmente queria, em outras palavras, era um teste de QI, juntamente com um manual de instruções sobre como estudar para passar. Eu precisava de um foco para a minha aspiração.

Felizmente, para mim, ela não queria saber de nada disso. Porque o que a minha professora compreendia era o seguinte: em alguns assuntos — especialmente ideais a que aspiramos, como inteligência, qualidade, performance ou beleza —, nós encontramos uma segurança psicológica em definições que sejam concretas, mensuráveis e com que todos concordem.

Se tirarmos isso, é quase certo que iremos passar por uma sensação de deslocamento. Isso é o que acontece quando qualquer pessoa se vê obrigada a operar fora de sua zona de conforto. Porém, no longo prazo, isso não é necessariamente algo ruim, especialmente se o objetivo não é criar um bando de seguidores obedientes, mas sustentar a divergência de um pensamento livre de amarras.

Como professora, quando você se recusa a colocar uma caixa em cima de uma ideia abstrata de desempenho, quando você se recusa a impor uma fita métrica que vai servir para medir as realizações, de muitas maneiras está incitando os seus alunos a se rebelarem de maneira construtiva. Você está incentivando a pensar no significado da excelência, sem a autoridade de uma medida exógena, e está dando a eles uma licença para surpreendê-la — e talvez até surpreenderem a si mesmos — com o que eles possam inventar.

o paradoxo
do progresso

no dia em que eu me tornei mãe, perdi a capacidade de ficar parada um só instante. Quando criança, o único momento em que eu prestava atenção era aquele em que eu me encontrava. O verão é uma sequência infindável de dias de ócio, absolutamente sem nada para fazer. Eu tive 8 anos por uma eternidade de tempo. Tive 9 anos por outra eternidade. Aí fiz 10 anos, e aquele ano também demorou uma eternidade para passar.

Mas ser mãe significa viver no passado, no presente e no futuro ao mesmo tempo. É abraçar os filhos e perceber o quanto eles eram menores no ano anterior... ao passo que se imagina o quanto eles ainda vão crescer até o ano que vem. É estar sempre mudando de tempo, ficar maravilhada com a construção do intelecto, com a destreza mental e com o senso de humor deles... ao mesmo tempo retrocedendo e avançando... ao tempo em que eles eram mais novos e projetando como eles vão ser quando estiverem mais velhos. É ter a sensação de querer estar no aqui e no agora, o que parece meio estranho — é como reclamar de sentir saudade de casa quando já se está em casa —, mas, acreditem, isso pode acontecer quando se vive em vários fusos horários ao mesmo tempo.

Ser mãe é ser a zeladora do passado e do futuro dos seus filhos numa idade em que eles não podem sequer imaginar a importância que qualquer uma dessas épocas tem. Quando eu ouço as pessoas dizerem que o tempo passa mais rápido quando se envelhece, acho que elas estão enganadas. Não é que o tempo passe mais rápido; ele simplesmente desanda.

Comparando à maneira como fui criada, existem coisas que vejo que são diferentes e outras que eu acho que continuam iguais, e, mesmo correndo o risco de um excesso de generalização, elas se resumem basicamente ao seguinte: os enfeites mudaram, mas o enredo, não muito. Os meus filhos brincam de pique-bandeira numa grama muito bem-aparada, tratada com pesticidas que não fazem mal aos animais, mas eles continuam a capturar a bandeira. Eles fazem os deveres de casa em laptops e deixam mensagens no meu celular, mas continuam a fazer seus deveres e a dar notícias à mãe. O paradoxo do tempo, do progresso e da evolução sempre foi esse: *plus ça change, plus c'est la même chose* — quanto mais as coisas mudam, mais elas ficam iguais. É a contradição intrínseca de uma refilmagem no cinema: os atores são novos, os cenários e os objetos de cena foram atualizados, mas a história é intimamente conhecida.

O meu filho mais novo descobriu recentemente um velho desenho da Hanna-Barbera chamado *Os Jetsons*: ele era exibido na década de 1960 e mostrava uma família que morava num mundo futurista de desenho animado. O que havia de interessante nesse programa era o que torna a ficção científica tão interessante de maneira geral: nada é igual e tudo é igual. George Jetson vai trabalhar de disco voador com uma cúpula de vidro, mas continua indo trabalhar todos os dias. Han Solo entra num bar, que é um lugar meio esquisito, com pessoas meio esquisitas, mas ele continua querendo beber alguma coisa. Você pode ir para a frente e para trás nesse jogo: Fred Flintstone é um homem das cavernas pré-histórico, da Idade da Pedra, mas ele também provoca a mulher e sai com seu bom amigo Barney. Os nomes e os objetos mudam, mas os verbos, não.

Porém, resumir tudo isso dizendo que as pessoas não mudam, mas que as coisas em volta delas sim, também não é bem verdade. Assim como muitos pais, quando quero mostrar aos meus filhos o quanto me identifico com os altos e baixos emocionais pelos quais eles estejam passando, conto uma história da minha própria adolescência, na qual os paralelos emocionais são evidentes.

No entanto, quando quero mostrar a eles o quanto são sortudos e como deveriam agradecer por tudo o que têm, fica difícil não apontar o dedo para os objetos em volta deles. E, assim, as histórias que conto nesse contexto são aquelas em que os contrastes materiais são absolutamente explícitos. Eu sei que é uma tática mais do que batida: obrigar os filhos a aguentar descrições detalhadas dos artigos empoeirados da sua juventude, como máquinas de escrever, réguas, cabines telefônicas e toca-fitas. E ao mesmo tempo é uma tática reveladora, porque o que você está implicitamente dizendo aos filhos é que, enquanto as coisas em volta deles mudam, *eles* também mudam, ou, no mínimo, a qualidade de vida deles.

Toda vez que o meu marido joga uma pilha de roupas na lavanderia, enquanto eu peço as compras pela internet, nós estamos reduzindo uma lista de afazeres que tomava o dia inteiro dos nossos pais para 15 minutos do nosso tempo atual. Multiplique todas essas horas ganhas pela extensão de uma vida adulta e você vai ver por que nós somos capazes de dar mais tempo um ao outro e aos nossos filhos do que os nossos pais podiam. Eu tive o meu primeiro acidente de carro há alguns anos e, quando isso aconteceu, o air bag se abriu tão rápido à minha frente que só depois eu me toquei do papel que o próprio carro teve na minha segurança. Quando as coisas à nossa volta se transformam, nós também nos transformamos e, consequentemente, melhoramos.

É por isso que, em matéria de progresso e evolução, nós somos otimistas. Quem pode nos culpar por isso? É verdade que todos nós sabemos que o progresso tende a acontecer devagar e em pequenos incrementos, com um avanço lançando as bases do seguinte, mas também sabemos que, às vezes, a soma acumulada dessas melhorias pode pagar dividendos exponenciais.

Nesse sentido, todos nós passamos de um tempo para o outro. Nós compramos uma casa porque sabemos como vai ser ótimo se a gente fizer um banheiro aqui, ou mudar o papel daquela parede. Aceitamos um emprego porque imaginamos que seja um caminho fácil para uma promoção. Em cada um desses casos, nós vislumbramos o futuro e, quando fazemos isso, vislumbramos um futuro perfeito.

Mas, mesmo assim, isso parece ainda não chegar ao xis da questão. Às vezes, o futuro nos atinge de tal maneira que nos dá vontade de recuar. A primeira vez que o meu marido entrou numa loja de brinquedos, depois de ignorá-las por vinte anos, ele voltou para casa impressionado com tudo o que viu, como era moderno: os tempos dos soldadinhos de chumbo e dos brinquedinhos de sua infância haviam passado, substituídos por um monte de aparelhos cheios de comandos e brinquedos eletrônicos que não paravam de piscar. Imagino que parte do horror dele possa ser explicado pela nostalgia, a não ser pelo fato de que a própria nostalgia é um conceito engraçado — como se o otimismo estivesse apontado na direção errada.

Quando você fica longe de uma categoria de produto por alguns anos e se vê às voltas com essa mesma categoria em algum momento futuro, a experiência pode ser assustadora, para não dizer triste. Tente comprar uma nova lavadora de roupas, um novo equipamento de som e vídeo, um forno de micro-ondas ou um brinquedo para o seu filho — se você já não faz isso há algum tempo, prepare-se para levar um susto.

Como gênero, a ficção científica faz isso rotineiramente para obter um efeito dramático — ela nos joga num mundo em que as mudanças não tiveram chance de se incutir dentro de nós. É aí que percebemos que a evolução de um produto pode parecer maravilhosa em sua atual encarnação, mas também pode parecer estranha, ridícula e até mesmo absurda. *Por que os Jetsons iam querer morar numa bolha de vidro hermeticamente fechada? Por que alguém iria querer fazer suas refeições em pílulas?* É claro que os nossos ancestrais teriam as mesmas dúvidas sobre nós: *Por que alguém iria querer morar em apartamentos empilhados uns sobre os outros? Por que alguém iria querer tomar vitaminas e nutrientes em cápsulas?* Mas já sabemos disso hoje, o que explica pelo menos parte da nossa ambiguidade em relação aos aparelhos físicos que existem agora.

Mudanças são boas, mudanças são ruins. O amanhã já está chegando. Vamos freá-lo um pouco. Existe uma inconsistência aqui, uma desordem nessa lógica. Nós avaliamos o futuro e somos otimistas; ou pessimistas. Somos ansiosos ou estamos desencantados. Principalmente, somos exigentes, mais até do que seria tranquilo — o que vale dizer que queremos aquilo que queremos, aqui e agora, e queremos exatamente da maneira como queremos, nada além disso.

Pessoalmente, odeio o fato de o controle remoto de uma televisão ter se tornado mais complicado do que uma calculadora científica, e me irrita profundamente que o meu atual laptop demore o dobro de tempo para iniciar do que o meu antigo. Tenho saudade de carrocinhas de sorvete, despertadores analógicos e LPs. Por outro lado, jamais conseguiria viver sem ar-condicionado, jornais na internet ou o meu Kindle.

Mas talvez isso ainda não explique tudo. Não é que nós sejamos muito exigentes com o futuro; é que nós somos impiedosos. Nós colocamos a nossa confiança na promessa do progresso... mas se acontecer de o futuro não sair como nós imaginamos, podemos ficar decepcionados, a ponto de ter uma desilusão.

É aí que os marqueteiros de produto são diferentes dos consumidores.

Enquanto os consumidores não têm consistência em suas atitudes em relação ao progresso, os marqueteiros de produto são consistentes. Onde os consumidores são ambíguos em relação às mudanças, os marqueteiros de produto não são ambíguos. E enquanto os consumidores são volúveis diante da evolução de um produto, os marqueteiros de produto são previsíveis. Incrivelmente previsíveis. De uma previsibilidade extraordinária.

E embora isso possa parecer uma recriminação, na verdade não é essa a intenção. Se você for visitar uma típica empresa que comercializa produtos de consumo, terá a agradável surpresa de ver que ela é formada por pessoas genuinamente interessadas nos consumidores. É algo muito simpático de se encontrar, especialmente se você for alguém que pensa que todo esse pessoal que lida com empresas e comércio não passa de um bando de cínicos calculistas que querem engrupir as pessoas e ficar com o dinheiro delas. Nada poderia estar mais longe da verdade.

Mais especificamente, se você observasse os profissionais de negócios em ação numa ampla gama de mercados consumidores — de hotéis a automóveis, de bebidas a detergentes —, veria que, quando eles falam da evolução de um produto, a maioria é totalmente direta nas intenções: eles simplesmente querem melhorar o produto. Geralmente, eles usam a expressão "aperfeiçoamento do produto" para se referir a esse objetivo e, com bastante frequência, ela aparece numa das seguintes formas.

A primeira é aquilo que eu costumo chamar de *aperfeiçoamento por adição*. Na medida em que um produto (ou uma "proposta de valor") pode ser visto como um conjunto de benefícios, os marqueteiros geralmente vão procurar melhorá-lo incrementando os benefícios. Às vezes, eles vão fazer isso fortalecendo um benefício que já existe — digamos, melhorando a capacidade de um detergente de limpar manchas, ou ampliando o prazo de garantia; noutras, eles vão acrescentar mais uma característica ou benefício —, como adicionar amaciante ao tal detergente, ou uma garantia de receber seu dinheiro de volta. Em todo caso, quando uma empresa se dispõe a fazer um aperfeiçoamento por adição, a ideia é agradar os consumidores dando tudo aquilo que eles já esperam, e mais um pouco:

APERFEIÇOAMENTO POR ADIÇÃO

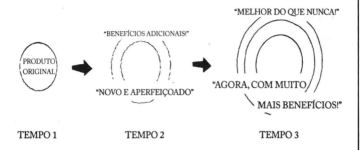

Exemplos de aperfeiçoamentos por adição são encontrados por toda parte, em qualquer categoria que se possa imaginar. Antes as pastas de dentes ofereciam uma única promessa de dentes sem cáries; hoje, uma pasta de dente oferece promessas extras de hálito fresco, ação antitártaro e um sorriso mais branco. Antigamente, os sabões em pó ofereciam a promessa única de limpar as roupas; hoje, eles ainda oferecem a eliminação da estática, proteção contra manchas e amaciante. Em todos esses casos, a proposta de valor só fez aumentar com o passar do tempo.

A segunda forma de aperfeiçoamento de um produto é o que eu chamo de *aperfeiçoamento pela multiplicação*. Como as empresas percebem que pessoas diferentes têm preferências diferentes, elas, com frequência, vão criar versões especializadas de seus produtos para atender às necessidades de segmentos específicos de consumidores. Em vez de vender Coca-Cola, elas passam a vender Coca-Cola Diet, Cherry Coke, Caffeine-Free Coke e Coca-Cola Light com Limão. Aqui, a ideia é aumentar a probabilidade de satisfazer os clientes oferecendo-lhes um portfólio de produtos para escolher, cada qual consistindo de um conjunto central de benefícios, combinado com aperfeiçoamentos específicos para determinado segmento:

APERFEIÇOAMENTO PELA MULTIPLICAÇÃO

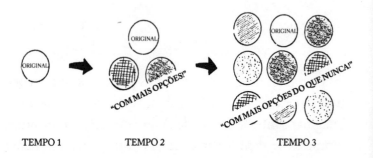

TEMPO 1   TEMPO 2   TEMPO 3

Você também vê aperfeiçoamentos pela multiplicação em todo tipo concebível de categoria. Antes, se você quisesse comprar um lápis, tinha de se contentar com um simples lápis nº 2. Mas, hoje, as opções que você tem podem lotar um corredor inteiro da loja de artigos de escritório mais próxima de você.

Volto a dizer que, nos dois tipos de aperfeiçoamento, o objetivo é o mesmo: tornar o produto melhor, seja de maneira cumulativa ou reprodutiva. Uma das tarefas que eu costumo passar aos meus alunos exige que eles escolham uma categoria de produto já estabelecida e prevejam como é que ela vai estar num período de cinco a dez anos. Quando eles me entregam suas previsões, os dois temas que mais aparecem são o aperfeiçoamento pela adição e o aperfeiçoamento pela multiplicação. Os computadores vão ter mais memória e maior capacidade de armazenamento: *por adição*. Os computadores vão ter formatos especiais para crianças ou idosos: *aperfeiçoamento pela multiplicação*. Os cereais terão caixas mais fáceis de abrir: os cereais virão em versões especiais para bebês, para pessoas com diabetes: *aperfeiçoamento por multiplicação*.

Esses prognósticos são fáceis de se fazer porque existe uma consistência na maneira como as empresas pensam na evolução de seus produtos, uma ordem para a sua lógica. Essas empresas sabem, talvez melhor do que qualquer pessoa, o que nós vamos querer no futuro — que queremos o que queremos, aqui e agora, e queremos exatamente do jeito como desejamos, nada de diferente e nada mais. E, assim, elas procuram nos dar o melhor que conseguem fazer. Não devia ser, portanto, nenhum segredo que, numa categoria após outra, a evolução de um produto tende a seguir essas duas trajetórias previsíveis.

Em 1999, a rede de hotéis Westin decidiu aumentar sua proposta de valor apresentando The Heavenly Bed — dez camadas de uma suntuosa extravagância para se dormir, feita sob encomenda. Eu não estou brincando ao dizer que, na primeira vez em que experimentei dormir numa cama dessas, provei um gostinho do paraíso; a cama era simplesmente maravilhosa.

No entanto, apesar de eu me sentir grata por aquela boa noite de sono, a verdade é que passei muito pouco tempo pensando na quantidade de energia que aquela empresa precisou investir para produzir aquele aperfeiçoamento específico. Quando uma empresa se dispõe a aperfeiçoar um produto, o investimento, em geral, vai exigir a mobilização de múltiplas funções dentro de sua organização — marketing, engenharia, operações, desenvolvimento de novos produtos etc. Aparentemente, a Westin Hotels precisou de mais de um ano e uma verba de 30 milhões de dólares para desenvolver The Heavenly Bed; a empresa literalmente testou centenas de colchões, travesseiros e roupas de cama nesse processo.

Há alguns anos, a revista *The New Yorker* fez uma matéria que detalhava a intensidade sem tréguas com que as fabricantes de fraldas — a Kimberly-Clark, que produz a Huggies, e a Procter & Gamble, que produz a Pampers — se dedicam a aperfeiçoar o tamanho compacto e a capacidade de absorção daquilo que, no fundo, não passa de uma esponja descartável. O que fazia o artigo ser instigante era o fato de ele oferecer uma visão voyeurista do microcosmo estranho e obsessivo em que essas empresas trabalham. Camadas de absorção, testes de umidade, componentes de polímero — era impossível ler aquele artigo sem se sentir um tanto assoberbado pela seriedade, pelo rigor e pela ferocidade com que essas empresas se dispõem a aperfeiçoar as fraldas.

A maioria dos consumidores sabe que uma empresa como a Intel vai investir constantemente rios de dinheiro para melhorar a performance de seus chips de computador. O que eles não sabem é que o mesmo nível de dedicação provavelmente poderá ser encontrado em empresas que produzem sopas enlatadas, biscoitinhos de aveia com passas e detergentes domésticos. Quando os meus filhos brincam de pique-bandeira no jardim de casa, eles desfrutam de um ambiente livre de ervas daninhas e onde os pesticidas não fazem mal aos animais, mas o esforço obsessivo que foi despendido na produção dessas conveniências é algo totalmente imperceptível para eles.

Eu levei os meninos à praia num sábado, e o dia transcorreu assim: eles saíram de casa jogando algumas garrafinhas de água com vitaminas e sabor de frutas numa mochila para crianças à prova d'água. Passaram um protetor solar que também é repelente contra mosquitos e entraram na água com camisas de secagem rápida, óculos de mergulho e sandálias à prova d'água. Depois de um dia inteiro sob um sol escaldante, eles voltaram para casa totalmente hidratados, sem queimaduras de sol ou picadas de inseto e tendo recebido 100% da quantidade prescrita de vitaminas e minerais. Quando as coisas à nossa volta se transformam, não há dúvida de que nós também ficamos melhores.

É claro que isso não quer dizer que as empresas sejam altruístas em seu compromisso com o aperfeiçoamento dos produtos; quando uma empresa decide aperfeiçoar um produto, isso pode acontecer por inúmeras razões empresariais — para aumentar as vendas, fazer a marca crescer, promover a lealdade, ampliar o leque da categoria etc. As pessoas que administram as empresas não são santas, nem nos devem isso.

Tudo o que quero dizer é que a marcha para o progresso pode ser uma tarefa inglória. Sempre que ouvir alguém dizer que "eu decidi esperar até o ano que vem para comprar um produto X novo, porque sei que o X do ano que vem vai ser muito melhor", o que você está ouvindo é alguém articular o que todos nós já consideramos um fato consumado: em matéria de evolução de produto, nós delegamos às empresas a tarefa de entregar um futuro perfeito e partimos do princípio de que elas *sabem* que nós esperamos isso delas.

Há cerca de trinta anos, Philip Brickman, um psicólogo social da Universidade de Northwestern, organizou uma equipe de pesquisadores para investigar o nível de felicidade dos ganhadores de loterias. A equipe descobriu que, apesar de os vencedores ficarem felicíssimos quando ganham uma fortuna, a sensação de felicidade inebriante tendia a desaparecer rapidamente. À medida que recalibravam seu nível de felicidade, muitas das atividades que antes os vencedores curtiam (como ler um bom livro ou fazer uma bela refeição) iam se tornando menos prazerosas com o passar do tempo, tanto que, depois de alguns meses, vencedores ricos diziam não se sentirem mais felizes do que antes de tirar a sorte grande. Brickman chamou esse fenômeno adaptativo de "monotonia hedonista"; a expressão era perfeita, ao descrever a predisposição humana de se sentir no direito de ter hoje aquilo por que eles se sentiam gratos de ter ontem.

O que é interessante de se observar em tantos estudos sobre adaptação hedonista é que eles demonstram que a nossa propensão de sermos mimados é, de uma perspectiva evolucionista, uma conclusão mais do que consagrada. Num outro estudo, por exemplo, Daniel Kahneman (psicólogo social e vencedor do prêmio Nobel) e seu colega Jackie Snell confirmaram aquilo que a maioria de nós já sabia instintivamente: que se você faz um agrado às pessoas com muita frequência, elas passam a apreciá-lo menos. Especificamente, os pesquisadores descobriram que, se você der às pessoas uma porção de seu sorvete favorito por oito dias seguidos, elas acabam gostando menos dele. Mais uma vez, em se tratando das nossas experiências de consumo, parece que passamos de encantados para *blasés* num piscar de olhos.

Essa propensão é mais facilmente pintada na justaposição de temas e contextos. Sejam os Flintstones, os Jetsons, os Ingalls ou os Huxtables,— os brinquedinhos podem mudar, mas a nossa felicidade nem tanto. Quando Voltaire disse que "a felicidade é uma ilusão, só o sofrimento é real", ele podia muito bem estar se referindo à futilidade do princípio freudiano do prazer.

E, no entanto, é exatamente por isso que, para um empresário, pode ser útil passar de um tempo para outro (passado, presente e futuro). Pense em como os aperfeiçoamentos por adição seriam vistos na forma de uma sequência de tópicos:

1. Uma empresa aumenta sua proposta de valor oferecendo um novo benefício aos consumidores.
2. Os clientes gostam.
3. Os concorrentes correm para se equiparar (ou seja, imitar) aquele acréscimo.

4. O acréscimo se torna um item padronizado na categoria.
5. Há uma recalibragem dos níveis de satisfação, o que vale dizer que os clientes agora se sentem no direito de ter aquilo pelo que, até ontem, eles se sentiam gratos.
6. Enquanto isso, a proposta de valor esperado aumentou e os requisitos mínimos para se competir na categoria cresceram.
7. Volte ao passo nº 1.

Se isso fosse uma trama, ela não só seria recorrente como também passaria em múltiplos canais: a American Airlines aumenta sua proposta de valor introduzindo um programa de milhagem. Os clientes gostam. Os concorrentes correm para se equiparar (imitar) esse novo acréscimo. Os programas de milhagem se tornam um item padrão em toda a categoria e toda ela volta ao ponto de onde começou, com exceção de que agora a aposta está mais alta — ficou mais caro para as empresas competirem na categoria.

Visto dessa perspectiva, pode-se argumentar que os aperfeiçoamentos são um caminho caro para a comoditização — quanto mais generosa a proposta padronizada de valor se torna dentro de uma categoria, mais fácil fica para os consumidores se sentirem indiferentes a que opção escolhem. Uma vez que os consumidores percebem que todas as companhias aéreas oferecem programas de milhagem, que todos os detergentes oferecem maior capacidade de remover manchas e que todas as empresas oferecem boas garantias, menos motivos eles têm para serem exigentes em suas escolhas.

A trama se repete, apenas com uma pequena diferença, no caso dos aperfeiçoamentos pela multiplicação. Aqui vai a maneira como a categoria de água mineral se mostraria se você recuasse alguns anos no tempo:

ANTIGAMENTE

E agora, como essa categoria se mostraria se você avançasse o relógio rapidamente para os dias de hoje:

AGORA

Essa é a versão do mundo dos negócios para a mitose: um organismo unicelular se dividindo e se reproduzindo, uma, duas, inúmeras vezes. Essa é a maneira como a categoria de bilhetinhos adesivos se mostraria se você recuasse alguns anos no tempo:

ANTIGAMENTE

E, assim, é como ela se mostraria hoje, se você avançasse rapidamente para a época atual:

AGORA

Sempre que você vê esse tipo de homogeneidade heterogênea — uma multiplicação de marcas e produtos competindo em múltiplos subsegmentos —, o que você está testemunhando é uma hipersegmentação em andamento. Você está vendo as empresas partirem e repartirem um mercado em subsegmentos cada vez menores, numa tentativa persistente de capturar o bolso de algum consumidor em que eles não tenham pensado.

No entanto, você também está vendo como é possível microssegmentar-se um mercado a ponto de se tornar uma agressão ao bom-senso. *Você prefere uma cerveja preta premium ou uma cerveja premium ale light? Um tênis para corridas de meio-fundo ou um cross-trainer de baixo impacto para curtas distâncias?* É nesse estágio que a categoria começa a conjurar o pior dos dois mundos — uma profusão cada vez maior de opções, das quais só uma porção mínima tem algum significado. O aperfeiçoamento de um produto se tornou, de novo, uma rota cara para a comoditização.

O que talvez seja mais desanimador nesse fenômeno é a técnica com que as empresas mantêm esse tipo de situação. Nos últimos anos, essa arte — de aperfeiçoamentos incrementais, que não param nunca, seja pela adição, seja pela multiplicação — se tornou parte fundamental da competência no marketing de um produto; ela se tornou aquilo que os marqueteiros modernos *fazem*.

Recentemente, fiz uma pesquisa de campo na indústria de água mineral e passei boa parte do tempo ouvindo os executivos do setor explicarem o que tornava a água deles diferente das dos concorrentes. Veja só como os administradores da VOSS, uma marca de água de primeiríssima linha, descrevem os méritos singulares de sua marca no material de marketing:

A Água VOSS vem de uma fonte natural puríssima do sul da Noruega, protegida dos poluentes por camadas de areia e rocha e produzindo uma água pura, diferente de todas as outras.

Ao ser explorada, a nascente sofre uma pressurização que permite que a água suba naturalmente pelo solo, sem necessidade de bombeamento mecânico. Como a água é protegida por essa camada impermeável, ela não entra em contato com o ar e com outros poluentes.

Agora veja como o pessoal da FIJI, uma marca concorrente, descreve os seus méritos singulares:

> Preservada e protegida pela sua origem e localização, a fonte da Água FIJI é um ecossistema virgem às margens de uma floresta tropical primitiva, que fica a um continente inteiro de distância do país industrializado mais próximo. Lá a chuva é purificada por ventos equatoriais que viajam milhares de quilômetros sobre o oceano Pacífico. Ventos que carregam chuva ácida e poluentes para outras partes do planeta Terra não passam por aqui. Portanto, se algum dia você já se perguntou qual é o gosto de uma água realmente pura, é só abrir uma garrafa de Água FIJI.

Nossa!
Observe a elaboração excessiva dessas descrições. Na minha cabeça, essa é uma forçada de barra enorme dos talentos de uma empresa e, quando o marketing de um produto começa a ficar desse jeito, não é só a defesa dos aperfeiçoamentos que começa a perder sua razão de ser,

mas também a defesa da diferenciação. Tanto as fraldas Huggies como as Pampers dizem que os produtos que elas vendem são aperfeiçoamentos, mas elas também dizem que vendem produtos que foram incrementados de maneiras diferentes uma da outra. A Pampers Baby-Dry Diapers, por exemplo, vem com "caterpillar flex" — linguetas superflexíveis que se estendem e se contraem junto com o bebê —, enquanto a Huggies Snug & Dry vem com um elástico completo e extremamente confortável que permite que o bebê explore o seu mundo. A Pampers Baby-Dry tem um "UltraAbsorb™ Core", a Huggies Snug & Dry tem uma "proteção LeakLock®". A Pampers Baby-Dry vem com o desenho do Ênio, da *Vila Sésamo*, nas fraldas; a Huggies Snug & Dry vem com o Mickey.

Mais uma vez, quaisquer incongruências que existam, elas só podem estar nas filigranas. O diabo, como se diz, está nos detalhes. E mesmo assim, em muitos casos, é a isso que os negócios se reduziram: ao empacotamento artístico de distinções sem significado, vendidas como uma verdadeira diferenciação.

Em 1980, Ted Levitt — um professor de administração amplamente reconhecido como uma das mentes mais influentes do marketing de sua geração — publicou um artigo polêmico, e hoje clássico, chamado "Marketing Success Through Differentiation... of Anything". Nele, Levitt desafiava as empresas a estabelecerem pontos de diferenciação nos lugares mais improváveis. Levitt argumentava, convincentemente, que fatias de *market share* podiam ser ganhas ou perdidas com base em divergências competitivas em áreas que as empresas historicamente não costumavam considerar.

E, no entanto, lendo esse artigo várias décadas mais tarde, é difícil não se chegar à conclusão de que as empresas aceitaram o desafio de Levitt a um extremo autoderrotista. É quase como se as empresas tivessem facilidade *demais* para obter diferenciações, mesmo que em discrepâncias minúsculas; elas ficaram propensas *demais* a fazer tempestades em copos d'água.

Veja isto: depois que a Gillette pôs no mercado a sua clássica Lâmina Azul, em 1930, ela demorou mais de quarenta anos para apresentar seu primeiro upgrade, o Prestobarba, de lâminas duplas. Esperou mais 18 anos antes de trazer o Sensor, mas aí só precisou de mais cinco anos até lançar o Sensor Excel. O tempo até a próxima extensão de produto, o Mach3 (com três lâminas, em vez de duas), foi de apenas quatro anos. E ele foi seguido quase imediatamente por, pelo menos, quatro extensões, incluindo o Mach3Turbo e o Mach3Power Nitro. A maioria desses produtos continua no mercado, vendidos junto com o mais novo modelo da Gillette, o Fusion de cinco lâminas, que — apesar de ser relativamente recente nessa linha de produto — já tem algumas encarnações: o Fusion Power, o Fusion Phenom e o Fusion Power Phenom.

Outro exemplo: a Coca-Cola demorou quase um século (96 anos, para ser exata) para colocar no mercado sua primeira extensão de produto, a Coca-Cola Diet.

Hoje, a Coca-Cola é vendida em mais de 12 versões da marca — inclusive a Coca-Cola Zero, a Vanilla Coke, a Coca-Cola Diet com Limão, a Diet Coke Sweetened with Splenda e a Coca-Cola Light Plus (fortificada com vitaminas e minerais) — e traz ao mercado novas extensões regularmente.

Em outras palavras, antigamente as mudanças aconteciam de maneira lenta e progressiva, com um avanço cuidadosamente preparando o terreno para o seguinte. Mas, num número cada vez maior de indústrias, as mudanças acontecem de forma rápida e indiscriminada, de tal modo que a soma acumulada de aperfeiçoamentos nem parece dar muito lucro. Para mim, essa é a marca de uma categoria que perdeu a disciplina.

Eu utilizo a expressão "hipermaturidade" para me referir a essa etapa de evolução numa categoria; é o estágio em que toda a hipersegmentação, o hiperaperfeiçoamento e a hiperatividade competitiva dentro da categoria começam a ficar meio nebulosos. Aliás, quando me vejo sendo jogada numa categoria em que as próprias mudanças viraram uma espécie de commodity, é nessa hora que eu vejo o futuro olhando para mim de modo assustador.

E aqui, portanto, vai a história de The Heavenly Bed, num breve cronograma:

Nos anos que se seguiram à introdução de The Heavenly Bed pela Westin, o Hilton anunciou a introdução de sua própria Serenity Bed em todos os seus hotéis. A

Marriott investiu cerca de 190 milhões de dólares para substituir todas as suas camas com a Revive Collection. A cadeia Hyatt apresentou sua Hyatt Grand Bed, a Radisson trouxe a Sleep Number Bed e o Crowne Plaza, o programa Sleep Advantage. Para resumir, as guerras entre as camas de hotéis se tornaram um verdadeiro estudo de caso em matéria de "quem está na frente de quem".

Eu me hospedo com frequência em hotéis e tenho de dizer que, na última vez em que fiquei num hotel no distrito de Colúmbia, precisei de um banquinho para subir nas montanhas de colchões, cobertores, edredons, travesseiros e almofadões que cobriam a cama monstruosamente grande que monopolizava o meu quarto. De vez em quando, passo pela experiência de me sentir um pouco constrangida por viver no século XXI. Essa foi uma delas.

Há alguns anos, a revista satírica *The Onion* fez um artigo descrevendo o lançamento de uma nova garrafa de Coca-Cola, com 30L e pesando 123Kg, com 1,30m de altura e precisando de três homens para carregá-la. O humor só tem graça quando se apoia em alguma realidade fundamental, e o que fazia essa piada ser especialmente engraçada era o fato de ela capturar a realidade fundamental de um produto: ele nunca consegue parar, mesmo quando deveria.

Chega um momento em que é mais difícil nos impressionar. Chega um ponto a partir do qual as melhorias deixam de agregar valor. Quando a gente ouve que alguém muito magro decidiu fazer dieta, ou que uma pessoa bonita e saudável decidiu fazer uma cirurgia plástica, nós podemos ter vários tipos de reação, nenhum de aprovação. Por quê? Porque sabemos que chega um ponto em que um aperfeiçoamento maior não revela mais do que uma terrível falta de bom-senso.

Sempre que dou um dos muitos cursos de educação executiva que a universidade oferece, costumo incluir uma aula sobre as características das categorias hipermaduras. Eu descrevo o fenômeno como um rebanho competitivo e explico as dinâmicas associadas aos aperfeiçoamentos incrementais e incessantes. Discuto os moedores de satisfação e a proliferação de clones quase idênticos. E dou muitos e muitos exemplos: a categoria de sabão em pó é hipermadura. Os calçados esportivos são uma categoria hipermadura. A indústria de telefones celulares é uma categoria hipermadura.

E eu falo de como o vencedor em todas essas categorias deviam ser os consumidores — em parte porque os produtos dessas categorias melhoraram com o passar do tempo (aperfeiçoamento por adição) e em parte porque existem mais opções de produto (aperfeiçoamento pela multiplicação) —, mas também descrevo como a realidade é bem mais complicada do que isso. Em muitas dessas categorias, o nível geral de satisfação do consumidor não se alterou muito com o passar dos anos. Aliás, já faz uns bons quarenta anos que o Mick Jagger apareceu no rádio cantando "I'm watching my TV and that man comes to tell me... how white my shirts can be". No entanto, como consumidores, nós *ainda* não conseguimos ficar satisfeitos.

Isso significa que essas são categorias em que as empresas estão, literalmente, correndo para ficar no mesmo lugar. A propósito, esse é um sinal muito nítido de que uma categoria atingiu a hipermaturidade: o crescimento geral ficou infinitamente pequeno, mesmo com toda hiperatividade na categoria estando mais frenética do que nunca.

Se todo esse exercício parece exaustivo, é porque é mesmo, e, acreditem, os executivos presentes às minhas aulas sentem essa exaustão e não escondem isso. Ao mesmo tempo, eles são extremamente francos sobre o fato de se sentirem presos a uma dinâmica competitiva da qual se veem reféns. Alguns deles chegam ao extremo de afirmar que a dinâmica que eu descrevi simplesmente faz parte da luta diária que faz o negócio funcionar.

Talvez você concorde com isso. Se for assim, talvez a minha resposta seja um pouco extensa, e eu dediquei uma seção posterior do livro para entrar em mais detalhes. Por enquanto, permita-me dizer apenas o que se segue.

A dificuldade de ser empresário é que é muito fácil ficar preso num momento só. Quando você se vê preso nas disputas incessantes das jogadas competitivas, fica fácil se esquecer de que esse momento em que você está tem um passado e um futuro. Ter alguma coisa pode ser melhor do que não ter nada. Mas ter mais pode não ser melhor do que ter algum, e ter mais, mais e mais pode não servir para nada; quando você fica preso num lugar só, é muito fácil se esquecer disso.

É por isso que, no mundo dos negócios, pode ser extremamente útil pular para o passado e para o futuro. Porque, se você é daqueles que atuam no passado-presente-futuro ao mesmo tempo, provavelmente vai poder ver como uma excessiva abundância de coisas positivas pode acabar levando ao surgimento de algo negativo. Você pode acabar vendo como a busca incessante pela satisfação do consumidor pode acabar se transformando numa receita para a loucura. E provavelmente verá como a linha que separa o futuro perfeito de um futuro imperfeito pode ser extremamente tênue.

O paradoxo do progresso é que ele faz as coisas ficarem melhores, até a hora em que as deixa piores.

Portanto, se eu tiver de dar um conselho, pelo menos por enquanto, é o seguinte: volte a história e avance a história lá para a frente. Retroceda, adiante, para o ano passado, para o ano que vem. E tente olhar para o seu mercado através das possibilidades alternativas de futuro.

o borrão da categoria
(e como nós lidamos com ele)

antigamente, revelar-se era uma espécie de dança — eu falo um pouco da minha vida, você conta um pouco da sua. Eu falo um pouco mais, você conta um pouco mais. Conhecer alguém exigia tempo e reciprocidade; havia uma simétrica delicadeza nessa troca. Eu tiro um pouco da minha casca. Você tira um pouco da sua. E, a cada nova revelação, surgia, primeiro, um conhecimento, depois, uma familiaridade e, finalmente, a intimidade.

Mas, de certa maneira, a internet mudou isso. É só entrar na rede que você vai entender o que eu quero dizer. Match.com, Facebook, Flickr, YouTube... no mundo agressivo da hiperconectividade, a autorrevelação não exige mais reciprocidade; ela é unilateral, entra sem pedir licença e é oferecida de graça. Escrever um blog é criar um confessionário público. Entrar no Facebook é como fazer uma festa para você se exibir. Parece que a tecnologia libertou o exibicionista que existe em todos nós.

E, aparentemente, nada parece extrapolar os limites, nem mesmo o que é mundano. O Twitter tem milhões de membros que fazem de tudo para manter o mundo informado dos detalhes cotidianos de cada minuto em que eles estão acordados. Veja alguns posts recentes:

"… Descobri que o consumo de cerveja aumenta durante as principais tarefas domésticas. E o mesmo acontece com os palavrões, é claro."

"… Nessa era digital, será que eu sou o único adulto que ainda escreve à mão?"

"… Uma hora e meia na esteira, Lean Cuisine no almoço, correio, ver a nota de matemática do filho, comer um monte de M&Ms de uma vez. Será que são as emoções que me levam a comer demais?"

Esse é um terreno cinético, que chega a ser hipnótico pela sua plasticidade e modernidade, mas que também é desorientador, de tão destemidos que são seus cidadãos. Aqui vai um perfil que aparece no MySpace:

> Sobre mim: a música é o verdadeiro amor da minha vida. Principalmente rock, indie, acústico, alternativo, reggae e punk. Minha única inimiga é a country music. Sou obcecado pelas artes. Adoro desenhar e pintar. Não tenho certeza sobre a cor dos meus olhos. Ela muda — mesmo. Mas geralmente é azul. Detesto gente hipócrita, mas acho que, de certa forma, todo mundo é. Não gosto de falar por trás das pessoas. E fico citando os filmes que vejo nas minhas conversas do dia a dia.

Quando o mundo inteiro é um palco, tudo acaba virando um estudo de gerenciamento de impressões;

tudo passa a ser a resposta moderna à pergunta *O que eu quero que o mundo pense de mim?* O que é, em parte, o motivo pelo qual a internet se tornou um verdadeiro tesouro para as empresas — é o lugar em que as pessoas se juntam para se vender ao mundo.

Imagine se, todo dia, todos nós tivéssemos de trabalhar usando uma camiseta mágica em que aparecesse tudo o que nós vimos na televisão nas últimas 24 horas — todo reality show, toda comédia de situação de merda, todas aquelas porcarias que nós não planejamos assistir, mas acabamos vendo — todos esses piores detalhes seriam revelados aos nossos colegas assim que a gente chegasse ao escritório na manhã seguinte. Imagine a velocidade com que os nossos hábitos televisivos mudariam. E imagine como nós assistiríamos bem menos à televisão. Imagine como seríamos muito mais cuidadosos na hora de passar de um canal para o outro, sabendo que tudo o que a gente visse passaria a ser de conhecimento público.

Quando nós passamos do consumo particular para o consumo em público, o que muda é o nosso grau de atenção. Quando estamos sozinhos, nós podemos nos dar ao luxo de sermos mais descuidados com o que consumimos, e é isso o que acontece. Mas quando sabemos que tem gente olhando, costumamos prestar um pouco mais de atenção, às vezes muito mais atenção, porque agora sabemos que tudo aquilo que nós fizermos, tudo o que vestimos e tudo o que comemos tem o potencial de ser uma janela do que somos. E, assim, monitoramos o nosso consumo de maneira que não faríamos se as coisas fossem diferentes. Nós trocamos de roupa antes de sair de casa. Tomamos cuidado com o que vamos beber ao jantar com o chefe. Mesmo quando optamos por desobedecer a uma formalidade — quando escolhemos usar um jeans surrado num jantar formal, por exemplo —, essa é uma atitude pensada, e até mesmo flagrante. O consumo se torna uma performance em todos os sentidos da palavra.

Em nenhum lugar isso é mais evidente do que na república virtual que é o país da internet. Ser um turista acidental nessa terra não é diferente de ir parar no meio de um jogo de exibicionismo global: o consumo passa a ser um resumo da nossa identidade; as pessoas revelam o que elas são revelando o que consomem.

Veja este perfil tirado do Facebook:

> Interesses: adoro tattoos, Range Rovers, o Red Sox, UGGs, iPhone, malhar, beber drinques femininos, cartões Papyrus, JUICY COUTURE, Sephora, um bom bronzeado, Hudson jeans e Britney Spears.

O que você está vendo aqui é uma inversão da velha fórmula da publicidade — as marcas sendo usadas para descrever os atores, em vez do contrário. E embora seja fácil subestimar as ideias que aparecem na construção dessas redações on-line, quando você navega pelo Facebook, pelo Match.com ou pelo Twitter, o que tem de lembrar é que cada palavra de cada página foi posta ali por um motivo: para esculpir a sua impressão da pessoa sobre a qual você está lendo. Uma declaração online do tipo "eu jamais poderia viver sem cafeína e o meu Converse All-Star" raramente é tão despretensiosa como parece. Aliás, no que diz respeito a essa verdadeira arte que são os relacionamentos sociais, às vezes o que parece é que tudo não passa de uma jogada de marketing — as pessoas se tornam seus próprios assessores de imprensa, trabalhando para si mesmas.

Experimente. Entre na internet. Observe com atenção. O consumo se tornou a capa de identidade da nossa geração.

Na cidade onde eu moro, a época mágica em que as crianças começam a assumir as características do consumo estilizado vem lá pela quinta ou sexta série. É nessa hora que você começa a ver as meninas se recusando a usar jeans, a menos que sejam da Hollisters, ou quando os garotos começam a rejeitar tênis Reeboks e só querem saber de Vans. É uma visão bastante curiosa; hordas de pré-adolescentes fazendo experiências com as próprias identidades, às vezes adotando e às vezes rejeitando as expressões consumistas dos colegas. Evidentemente, eles acabam se transformando em compradores ridiculamente exigentes nesse processo. (Qualquer mãe que tenha ido comprar roupas com seus filhos de 16 anos sabe do que estou falando.) E, no entanto, não parece haver muito o que um pai possa fazer para acabar com esse processo; aparentemente, os deuses da puberdade são capazes de despejar no corpo um monte de hormônios de consumo, além dos sexuais.

Nem todos os garotos passam por essa fase ao mesmo tempo, ou na mesma extensão. Mas eu pessoalmente acredito que todos nós passamos por uma versão disso em algum momento da vida. Quando chegamos à idade adulta, a maioria de nós é exigente em relação a *alguma coisa*. Talvez sejam os tacos de golfe que preferimos, ou o tipo de carro que dirigimos, ou aquela maquiagem que fazemos questão de usar. O fato é que a maioria de nós é exigente em relação a alguma coisa.

E, do ponto de vista dos negócios, essa é uma fase crítica, porque, se ninguém passasse por isso, as funções de marketing da maioria das empresas simplesmente perderia sua razão de existir. Pense nisso. A Nike gastou cerca de 2 bilhões de dólares em propaganda e marketing no ano passado, baseada na crença de que podemos nos tornar exigentes em matéria das roupas que usamos numa academia. A Procter & Gamble gastou mais de 5 bilhões de dólares em propaganda, baseada na crença de que podemos desenvolver uma preferência por um produto doméstico em relação aos outros.

Você poderia até resumir toda a função do marketing a isso: os processos pelos quais as empresas procuram nos tornar exigentes sobre aquilo que consumimos. É verdade que esse processo é marcado por um conjunto complexo de táticas empresariais, mas o objetivo é extremamente claro.

E como os gerentes de marketing sabem que eles estão tendo sucesso? Uma maneira bastante óbvia é olhar para o movimento das vendas — analisar quantos de nós estão comprando os produtos deles. O problema é que isso não vai necessariamente mostrar um quadro abrangente das nossas atitudes de consumo. Você e eu podemos estar comprando ativamente a mesma marca, mas isso não significa que estejamos atribuindo o mesmo significado à mesma opção. Você pode estar consumindo simplesmente por rotina ou até com certa relutância, enquanto, para mim, é uma paixão. Nesse caso, eu provavelmente vou estar mais comprometida com a marca do que você, o que é apenas outra maneira de se dizer que provavelmente eu vou ser menos tentada a pensar nas ofertas da concorrência.

É por isso que, além de se analisar o volume de vendas, os gerentes de marketing têm de prestar muita atenção às nossas exibições públicas de afeto por uma marca — que marcas nós usamos, que marcas colocamos nos nossos sites, que marcas recomendamos aos outros. Sempre que nos vemos dispostos a alardear nossas afinidades com as marcas para o resto do mundo, é sinal de que a nossa ligação com elas é realmente forte, e os marqueteiros sabem disso.

Do ponto de vista de um gerente de marca, um cenário ainda melhor é aquele em que a nossa paixão pela marca se mistura com um segundo ingrediente: uma crença de que determinada marca oferece alguma coisa que as outras não dão, uma crença derivada de um esforço óbvio de comparação. Uma frase como "eu adoro o sorvete de chocolate da Brigham com lascas de menta" pode ser considerada uma visível declaração de lealdade à marca por dois motivos: o fervor ardoroso dessa frase conota paixão, enquanto o fato de ela ser bem específica denota conhecimento de causa na hora de compará-la à concorrência, e sagacidade na hora de comparar os benefícios específicos do sorvete de chocolate com lascas de menta da Brigham com as outras marcas no mercado.

Observe que essa técnica de comparação não precisa ser calcada em fundamentos objetivos, funcionais ou sequer racionais. Quando o meu assistente fissurado por moda só usa sapatos da Hugo Boss, óculos de sol da Prada e só bebe vodca Grey Goose, essas exigências podem se basear em ideias extremamente subjetivas sobre as vantagens dessas marcas em relação à concorrência. Pouco importa. A seletividade dele continua a se ancorar numa consciência bem-informada sobre as demais opções, o que significa que a lealdade dele em relação a essas marcas se baseia em benefícios diferenciados que, para ele, são muito reais.

Em resumo, quando esses dois ingredientes — paixão e conhecimento para fazer comparações — levam à preferência especial por uma marca, eles formam uma dupla tenaz, pela expressa razão de que, juntos, levam à sensação de que uma marca é insubstituível. Se você for um gerente de marca, isso será exatamente aquilo que há de querer — que as pessoas não só adorem sua marca, mas sintam que ela é *a única* capaz de oferecer aquilo que elas estão procurando.

Dito isto, eu tenho poucas certezas no mundo dos negócios, mas uma delas é que está cada vez mais difícil ser fiel a uma marca. É, eu sei que passei as últimas páginas descrevendo as inúmeras maneiras pelas quais os consumidores expressam a afeição que eles têm por determinada marca — nos pátios das escolas, nas páginas do Facebook —, então, como isso pode acontecer?

Bem, isso não quer dizer que eu ache que a lealdade à marca esteja inteiramente morta. É claro que não está. Como falei, a maioria das pessoas é muito exigente em relação a alguma coisa — o meu assistente adora óculos Prada; as garotas da cidade onde eu moro adoram Hollisters. Só estou dizendo que a lealdade a uma marca é cada vez mais rara. E esse fenômeno fica particularmente aparente depois que se eliminam as categorias de produtos mais exibidas — moda, sapatos, acessórios etc. —, nas quais a maioria das pessoas tende a concentrar suas atividades de consumo mais caras e visíveis. Se desconsiderarmos essas, não vai restar muita lealdade às marcas, ao menos pelo que eu consigo observar.

Aliás, eu seria capaz de apostar que, para a maioria das pessoas, a quantidade de categorias pelas quais elas não sentem nenhuma fidelidade por uma marca em especial é muito maior do que aquelas em que existe alguma lealdade. Eu também seria capaz de apostar que os pratos da balança pendem cada vez mais em direção à infidelidade. Existem, literalmente, dezenas de marcas que competem pela minha afeição em categorias como hotéis, bancos de varejo e barras de proteína, por exemplo, e eu sinto uma lealdade zero em relação a elas. Os adolescentes da cidade onde moro são bombardeados com opções quanto aos sucos que eles tomam, aos alimentos que ingerem, e a ampla maioria dessas marcas não consegue mais do que um leve interesse passageiro.

Talvez minha memória esteja me traindo, mas não parece que as coisas tenham sido sempre assim. Quando eu era criança, a dedicação dos meus pais a um conjunto completo de marcas passava por todos os objetos e utensílios do lar. Nós éramos uma família Coca-Cola (nada de Pepsi). Quando a gente comprava creme chantili, era sempre Cool Whip. Minha mãe só comprava Oil of Olay. Xampu Herbal Essence. Palmolive com aroma de limão. Meu pai era fiel às televisões da Sony. Ferramentas da Craftsman. Bicicletas Schwinn. E um dos meus ex-namorados se achava um cara classudo porque só tomava sorvete Häagen-Dazs.

Esse nível de lealdade à marca parece quase excêntrico hoje em dia. Vou repetir que estou falando do tipo de dedicação que as famílias geralmente tinham pelos objetos do dia a dia que faziam parte da sua rotina. É esse tipo mais forte de lealdade à marca que eu acho que está tendo uma morte lenta.

E, obviamente, não sou a única a pensar desse jeito. Há pouco tempo, participei de um congresso de marketing no qual a ideia de que os consumidores estavam perdendo a inclinação de ser leais a uma marca era um dos pontos centrais dos debates. Havia muita especulação sobre as possíveis razões para isso — a fragmentação dos canais de marketing, a volubilidade dos consumidores e assim por diante. Mas havia pouca discordância quanto à premissa básica.

É verdade que sempre houve algumas categorias que são consideradas naturalmente incompatíveis com a lealdade a uma marca. Nesse caso, vêm à mente dois tipos de categorias: (1) aquelas em que não existe uma variedade óbvia entre as marcas, como açúcar, postos de gasolina ou papel ofício; e (2) aquelas em que as variedades são quase infinitas, como restaurantes, vinhos ou livros. É raro até ouvir empresários falando de lealdade à marca nesses contextos, porque, em ambos os casos — falta de variedade e variedade demais —, as situações são do tipo em que é difícil sustentar a fidelização.

Contudo, a armadilha das categorias que atingiram o estágio da hipermaturidade é que elas podem acabar se transformando em mercados em que essas duas situações convivem ao mesmo tempo. Eu já toquei nesse assunto antes; a categoria de cereais pode ser descrita como do tipo em que todas as marcas são diferentes, ou todas são iguais, dependendo do seu ponto de vista. O mesmo vale para tênis de corrida. Ou para água mineral.

Minha mãe nunca teve de escolher um cartão de crédito de afinidade devido a uma enxurrada de ofertas que aparecessem em sua caixa de correio. Ela nunca teve de ser fiel a uma única marca de iogurte, no meio de uma ampla gama de iogurtes que se alternavam na frente dela. É fácil ser leal ao sorvete Häagen-Dazs quando ele é o único participante de peso na categoria de sorvetes premium; mas quando o mercado se vê abarrotado de clones premium, os que são leais à marca Häagen-Dazs vão ser, por definição, mais difíceis de se encontrar. Eu e o meu marido desconsideramos as marcas de uma infinidade de categorias, que vão desde xampu até detergente, de um jeito que os nossos pais nem sequer sonhavam. E não é porque somos muito diferentes deles, mas sim por fazermos compras num contexto de marketing muito diferente.

Uma vez que a dupla dinâmica de rebanho competitiva e da hiperatividade competitiva começa a dominar uma categoria, ela mesma passa a ser incompatível com a lealdade à marca. E eu realmente acho que isso acontece. É o que eu quero dizer quando falo que a lealdade a uma marca está cada vez mais difícil de se encontrar. O que digo é que, quando olho à minha volta, vejo empresas demais, em categorias demais, se engalfinhando exatamente no tipo de ciclo competitivo que tende a obstruir seu crescimento.

Para ser um pouquinho mais precisa, duas coisas tendem a acontecer com os consumidores quando um mercado atinge o nível de hipermaturidade. Primeiro, do ponto de vista do consumidor, toda a hiperatividade daquele mercado tende a parecer um borrão. Se você se lembrar do que falei num capítulo anterior, a característica mais absoluta do rebanho em ação é a ilusão de óptica: não só parece que o coletivo ganhou vida própria como também a ilusão tem o efeito de obscurecer os comportamentos individuais. A mesma mudança de percepção se aplica nesse contexto: a categoria começa a assumir uma identidade própria, que obscurece as identidades das marcas individuais dentro dela.

Um dia desses, acompanhei um jogo de futebol ao lado do meu marido e vi uma dúzia de comerciais de cervejas diferentes reforçando as mesmas características masculinas; tenho certeza absoluta de que eu poderia lhe dizer quais eram os temas em geral, mas duvido que pudesse estabelecer qualquer ligação temática com uma marca em particular. Sei que todas as grandes operadoras de celulares oferecem todo tipo de promoção, mas eu jamais saberia dizer que operadora está oferecendo qual promoção. Sei que as diversas TVs a cabo oferecem vários tipos de pay-per-view, mas jamais me ocorreria tentar acompanhar as propostas específicas.

Quando uma categoria vira um borrão, geralmente continuamos a ter uma ideia geral do que se passa na categoria — um conjunto genérico de associações, junto com um conhecimento geral das mais recentes manobras competitivas —, mas é cada vez mais difícil fazer a ligação entre as especificidades e as marcas em si. Nós não vemos mais as árvores. Só a floresta.

E, quando isso acontece, a nossa relação com a categoria passa a ser tão reveladora quanto a nossa relação com as marcas que a compõem. Essa é a segunda coisa que acontece quando uma categoria atinge o estágio da hipermaturidade: o consumo se torna uma janela de como nós nos sentimos em relação à categoria como um todo, independentemente das marcas que disputam espaço dentro dela. Esqueça as diferenças entre a Miller, a Coors e a Budweiser; basta saber que todo mundo acha que cerveja é uma bebida para os cabeças de vento que gostam de futebol. Ou que lingerie é uma coisa "sexy e indolente". Ou que um seguro é um "ato necessário, mas sacal". Ou que "não se deve confiar" nas concessionárias de automóveis.

Só como exemplo, leia este post:

> Sobre mim: não consigo viver sem chocolates. Além disso, também adoro tomar chá — não suporto café. Sou grande adepta do transporte público. Não tenho carro e odeio veículos utilitários! Eu adoro loções para o corpo, mas me recuso a usar qualquer coisa que tenha sido testada em animais. E eu NUNCA uso perfume (argh).

Neste post, o que conta são as relações com as categorias, não com as marcas em si. Veículos utilitários x transporte público. Chá x café. Loção para o corpo x perfume. Nesse contexto, as referências às marcas seriam quase redundantes. O simples registro das categorias de produto já diz tudo o que precisamos saber.

Como os empresários, compreensivelmente, se concentram nas suas próprias marcas, eles tendem a não perceber o quanto as relações com uma categoria podem ser arraigadas e influentes na vida de um indivíduo. Porém, se você pegar um trem de Boston para Nova York, provavelmente vai conhecer dezenas de pessoas que simplesmente não viajam de avião. Essa é uma rejeição à categoria como um todo; são pessoas que se opõem às companhias aéreas em geral. Por outro lado, se você fizer uma visita a uma varejista de cosméticos como a Sephora, provavelmente encontrará dezenas de viciadas em maquiagem. Nesse caso, abraça-se a categoria como um todo; essa turma ama a categoria em si.

Quando nos sentimos instigados por uma categoria, sentimos curiosidade pelas marcas que a compõem; quando uma categoria nos aborrece, nem prestamos atenção. Quando amamos uma categoria, somos capazes de explorar as opções que ela nos oferece; quando nos sentimos cínicos sobre toda uma categoria, procuramos o que é mais barato ou conveniente. Em todos esses casos, nossa postura em relação à categoria tende a ditar nosso comportamento em relação às marcas que a compõem.

Portanto, não é de surpreender que se possa dizer muito de uma pessoa baseando-se nas posturas de consumo que ela tem em relação a determinadas categorias. Minha melhor amiga é grande conhecedora de xampus premium, dessas que experimentam todas as marcas, uma pragmática bem fácil de se agradar em matéria de chocolate e completamente indiferente em relação a carros. Meu marido é um entusiasta que coleciona várias marcas de tênis e guitarras, um utilitário em matéria de tecnologia e um cínico quando o assunto é tacos de golfe.

Pessoas previsíveis são aquelas que têm posturas previsíveis em relação às categorias: a maioria das adolescentes adora música, maquiagem, roupas e revistas de moda. Pessoas não convencionais são aquelas que têm posturas pouco convencionais em relação às categorias.

Eu conheço uma garota de 17 anos que coleciona objetos relacionados ao escritor J. R. R. Tolkien, odeia maquiagem e nem quer saber de pensar em roupas.

Nessas duas descrições, as alusões gerais a uma categoria comunicam o suficiente para tornar irrelevantes maiores detalhes sobre as marcas. Enquanto isso, veja como o conjunto de consumo pessoal de alguém faz uma espécie de resumo da personalidade dele, talvez até mais relevante cultural e antropologicamente do que um teste de personalidade, mas que deve ser interpretado de maneira diferente, digamos, de um jeito mais icônico.

No final da década de 1950 e início dos anos 1960, um grupo de estudantes comandados por Everett Rogers, da Universidade de Iowa, apresentou uma teoria de adoção de novas tecnologias (chamada de Difusão das Inovações, que mais tarde se tornou bem conhecida no livro *Crossing the Chasm*, de Geoffrey Moore), que propunha que algumas pessoas são, por natureza, mais inclinadas a abraçar produtos desconhecidos, e que é possível se segmentar o mercado potencial para a introdução de um novo produto de acordo com essa propensão. A teoria pegou e o esquema de segmentação — que inclui os inovadores, os adotantes iniciais, maioria inicial, maioria relutante e retardatários — acabou por se tornar parte central da linguagem dos negócios, especialmente para empresas empreendedoras que atuam em novos setores emergentes.

Nos últimos anos, ocorreu-me que seria um exercício revelador construir uma segmentação alternativa, que se destinasse a capturar o outro lado da moeda: as maneiras pelas quais as pessoas tendem a responder à quantidade avassaladora de opções que chegam das categorias *hipermaduras*, categorias com as quais elas já têm muita experiência. Observe que, nessas categorias, o problema não é lidar com um produto desconhecido ou com o medo de uma inovação; ao contrário, é um caso de cinismo e de fadiga em relação àquele produto.

Se colocássemos esse exercício em prática, seria assim que eu faria.

• Começaria com aquele pessoal que apresentei no começo deste livro: os conhecedores de uma categoria. Esses *connoisseurs* têm um carinho enorme pela categoria e são muito exigentes em suas escolhas, mas isso não leva necessariamente à preferência por uma marca em especial. Eles são seletivos, exigentes e bem-informados, mas também gostam de procurar novidades e experimentar marcas novas. A lealdade deles se dirige à categoria como um todo, e não a uma marca especial dentro dela.

• O segundo segmento seria composto por aqueles que eu chamo de *oportunistas espertos*. Os oportunistas são parecidos com os conhecedores num aspecto: eles são especialistas numa categoria, mas agnósticos em matéria de marcas. A diferença é que, quando eles participam de uma categoria, fazem isso sem alegria. Oportunistas são consumidores orientados para um bom negócio, cuja postura em relação à categoria poderia quase ser descrita como competitiva — são aqueles que juntam cupons, gostam de uma liquidação e de juntar pontos nos programas de prêmios. Geralmente são cínicos e desiludidos por alguma coisa que tenha acontecido na categoria, mas continuam a comparar os produtos com cuidado, por razões utilitárias.

• O terceiro segmento seria constituído por aqueles que eu chamaria de *pragmáticos*. Eles não diferenciam mais; não gastam mais energia para se manter antenados com as últimas novidades dos concorrentes de um mercado. Ficaram céticos quanto às diferenças entre as várias marcas, por isso baseiam suas decisões de compras numa combinação de hábito, rotina, preço e conveniência. Uma versão extrema de um pragmático seria um *indiferente*, que trata a categoria como se fosse uma simples commodity. (Um psicólogo usaria a expressão "desmotivado para escolher" para se referir a esse tipo de mecanismo; isso simplesmente significa que, quanto mais essas pessoas se virem empanturradas de opções, menos elas vão se importar com o que escolhem.)

• O quarto segmento seria formado pelos *relutantes*. Relutantes são exatamente isso — consumidores relutantes de uma categoria. Eles detestam participar de um mercado e prefeririam continuar perfeitamente como outsiders da categoria se não fosse pelo fato de, às vezes, simplesmente não terem escolha. O desgosto, o desconforto e o desconhecimento deles sobre a categoria se manifesta como confusão e frustração na hora de lidar com ela, e eles procuram sair do mercado o mais rápido possível.

• E o segmento final seria constituído pelos *leais a certa marca*. São pessoas que, apesar das inúmeras opções competitivas que existem no mercado, continuam demonstrando uma paixão teimosa por uma marca em especial. Eles insistem em ser fiéis aos computadores da HP; insistem em tomar sorvete Häagen-Dazs. Sua lealdade pode parecer meio estranha e "retrô" para os consumidores em geral, dada a hipermaturidade do mercado; mesmo assim, na maioria dos mercados, só uns poucos desses fidelíssimos consumidores sobrevivem.

Evidentemente, todos esses segmentos teriam de acomodar algumas gradações: alguns pragmáticos são mais desencantados do que outros, ao passo que alguns cínicos são mais cínicos que os outros. Mas a minha aposta é que esses cinco segmentos — conhecedores, oportunistas, pragmáticos/indiferentes, relutantes e fiéis —, provavelmente, cobririam todo o espectro, englobando a maioria das maneiras como as pessoas lidam com os mercados hipermaduros.

Além disso, o mais interessante (e talvez até o mais útil) sobre esse esquema de segmentação é que ele revelaria as categorias às quais seria mais aplicado. Pense, por exemplo, no número de categorias que aparentemente teriam uma quantidade pouco saudável de oportunistas sabidos e de relutantes. O setor de aviação civil parece estar cheio desse tipo de consumidor, de um lado lidando com um exército de viajantes a trabalho, desencantados, que se tornaram especialistas em manipular os sistemas de preço para maximizar suas milhas, pagando o mínimo possível — ao mesmo tempo que atende a uma horda relutante de viajantes a lazer, que passam boa parte da viagem se lembrando do quanto eles odeiam viajar de avião.

Ou pense na quantidade de categorias que seriam dominadas por uma combinação de oportunistas e pragmáticos. Seria o caso do setor de telefonia celular. Os consumidores desse produto parecem ser muito espertos em suas decisões de consumo, ou exatamente o contrário; de um jeito ou de outro, existe uma falta de afeição na relação que eles têm com as operadoras.

Ou pense naquelas categorias em que a proporção de pragmáticos parece aumentar a cada ano. Aqui entra em cena uma quantidade enorme de categorias — incluindo as que ocupam corredores inteiros das farmácias. São categorias hipermaduras em que os cidadãos começaram a questionar a credibilidade das distinções anunciadas entre as marcas e tendem a adotar uma postura de "não quero saber e não estou nem aí para isso".

Ainda mais revelador seria tirar uma foto de como essas categorias eram há dez anos e comparar com a época atual, quanto à anatomia de sua base de consumidores. Se alguém fosse fazer isso, acredito que as fotos mostrariam uma tendência bastante palpável numa categoria depois da outra — a proporção de fiéis às marcas diminui, enquanto aumentam os vários segmentos de agnósticos.

Como eu disse antes, não tenho muitas certezas absolutas em matéria de negócio, mas uma delas é que a lealdade a uma marca está se tornando cada vez mais rara. A ironia é que o papel do consumo nas nossas vidas — como se fosse um crachá, ou uma gíria da cultura em que estamos inseridos — nunca teve tanto destaque.

Minha cunhada, por exemplo, poderia ser caracterizada como o consumidor-alvo ideal para um marqueteiro de marca. Por quê? Porque ela é uma pessoa para quem o consumo tem um significado profundo. Independentemente do produto ser camiseta, sapato, produtos para o cabelo, entradas para um jogo de beisebol ou coquetéis, o consumo é um dos processos com que ela conta para dar cor, textura e encantamento à sua vida diária. E assim ela pensa o consumo de uma maneira engajada, detalhista, consciente e apaixonada.

Porém, veja como as coisas se desenrolam:

• Ela é uma conhecedora em matéria de produtos de spa, coquetéis, sandálias, restaurantes e inúmeros outros produtos e serviços.

• É uma oportunista esperta em relação a entradas para shows, móveis para o lar, passagens de avião e uma série de outros produtos e serviços.

• Ela é pragmática em matéria de laptops, reservas de hotéis, aluguéis de carros etc.
• É relutante em matéria de fast food, TVs a cabo e refrigerantes.
• E só é fiel quando se trata de acessórios (Paul Frank), maquiagem (Princess Borghese), relógios (ToyWatch) e algumas marcas de grife.

Em outras palavras, apesar da considerável energia de consumo que ela tem, minha cunhada só é fiel a uma quantidade surpreendentemente pequena de marcas. Em inúmeras categorias, seu comportamento de consumo transborda com os dois ingredientes principais para a lealdade à marca — que são a paixão e o conhecimento de causa para fazer comparações — e, mesmo assim, numa categoria depois da outra, esses dois ingredientes se desligaram de qualquer lealdade. É como se ela tivesse tudo para ser uma pessoa fiel às marcas, mas, dado o estado dos mercados de que ela participa, ela simplesmente deixou de se interessar.

Minha cunhada não é uma exceção à regra. Posso pensar em literalmente dezenas de conhecidas minhas que consomem com o mesmo afinco e, no entanto, reservam sua lealdade a apenas um número reduzido de marcas. E eu acredito que você também seja capaz de pensar em pessoas assim. Quando a fidelidade à marca passa em branco, apesar da existência de hordas de consumidores inteligentes e apaixonados, não é difícil ter a sensação de que alguma coisa está errada.

fugindo
do rebanho

e esse é o pé em que estamos. Nos capítulos anteriores, eu tentei defender a causa de que, à medida que uma categoria amadurece, as empresas dentro dela começam a se mostrar cada vez mais propensas a apresentar um comportamento de rebanho. Também argumentei que a direção que essas categorias costumam tomar é bastante previsível, envolvendo um tipo de aperfeiçoamento que é, ao mesmo tempo, monótono e impiedoso. O resultado é uma categoria que se organiza pelo que eu chamei de homogeneidade heterogênea: há uma quantidade explosiva de opções, mas essas opções são marcadas por diferenças insignificantes para a maioria das pessoas.

Enquanto isso, os profissionais de marketing de produto que trabalham nessas empresas se tornaram mestres na dupla arte de aperfeiçoamentos repetidos e clones competitivos. Eles passaram a ter muito talento para ressaltar distinções que não são fundamentais; tornaram-se experts em disfarçar a mesmice como se fosse uma diferença. E ficaram tão imersos nas nuances dessas técnicas que não parecem entender a partir de que ponto suas afirmações passaram a perder credibilidade; eles estão ocupados demais vivendo a categoria de dentro para fora. Quando visitei o pessoal da VOSS, fiquei chocada ao descobrir que eles realmente acreditam que a água deles tem um gosto melhor que a dos concorrentes.

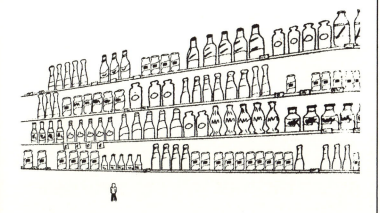

Já os consumidores vivenciam a evolução de uma categoria de fora para dentro. Com o tempo, eles deixam de ver as árvores e passam a ver a floresta, o que significa que seus padrões de consumo são cada vez mais conduzidos pela relação que têm com a categoria como um todo. Essa relação pode se manifestar de diversas maneiras, do mais cínico oportunismo até o pragmatismo ou a mais absoluta indiferença; mas só raramente se manifesta como lealdade à marca.

É essa segunda dinâmica que a maioria de nós experimenta na vida pessoal. Eu me lembro de ter ido comprar uma televisão há um ano e ter sentido um certo desconforto enquanto olhava para dezenas de LCDs de tela plana basicamente iguais enfileirados na parede da loja. Foi naquele espaço que senti a minha longa relação de fidelidade à Sony (uma fidelidade, diga-se de passagem, que vem dos meus pais, desde que eu era criança) começar a se esvair. No começo, tentei me apegar à lealdade explicando a preferência que eu tinha pela marca ao vendedor que me atendia, mas não demorou muito até eu permitir que o vendedor (que, evidentemente, era um conhecedor da categoria) gentilmente me dissuadisse de comprar uma televisão só por causa da marca. No final da expedição, acabei me contentando com uma compra mais pragmática e, exatamente ali, tornei-me apenas mais uma mera consumidora em mais uma mera categoria, atravessando a fronteira invisível que separa os fiéis a uma marca dos agnósticos de marca.

Nos dias de hoje, momentos como esse ocorrem com uma regularidade banal numa categoria depois da outra e, como eles acontecem com tanta frequência, não dá mais para se minimizar o efeito cumulativo. Trata-se de um ponto de inflexão crítico no ciclo de vida de uma categoria — quando não só a fidelidade a uma marca começa a se esvair, mas até mesmo a ideia de fidelidade a uma marca parece de um anacronismo infantil. Eu me lembro de quase ter ficado vermelha enquanto tentava explicar ao vendedor por que preferia a Sony, especialmente quando percebia o quanto a marca se diferenciava pouco dentro daquela categoria. Quando fica tão difícil de se defender a lealdade a uma marca, é só uma questão de tempo até que ela se torne frágil e venha a se quebrar.

Uma das sitcom mais populares dos anos 1970 se chamava *Happy Days*. Durante os dez anos em que foi exibida, percorreu um arco bastante conhecido: começou forte, foi ficando mais forte com o passar do tempo, até chegar a um auge e começar o inevitável declínio. Conta a lenda da televisão que a sentença de morte do programa aconteceu num episódio em que o personagem Fonzie se viu na ridícula posição de saltar de esqui aquático por cima de um tubarão. Foi nesse ponto que, aparentemente, até os mais ardorosos espectadores começaram a debandar. Desde então, a expressão "pular o tubarão" virou uma gíria do setor, representando o ponto em que não havia mais como negar que a maré tinha virado contra um programa específico, deixando pouco até para os fãs mais ardorosos se agarrarem.

No mundo dos negócios, acredito que exista um arco semelhante que possa ser traçado numa categoria de produto depois da outra: à medida que elas vão amadurecendo, os produtos dentro dela começam a ficar cada vez melhores, o que beneficia os consumidores. Mas, em algum ponto desse caminho, as categorias pulam o tubarão, depois de passarem por tantas mudanças e viradas que os consumidores já não aguentam mais. Eu senti que a maré mudou na última vez em que saí para comprar uma televisão. Nos últimos anos, também passei por mudanças em outras categorias. Você, provavelmente, também, e se você passou, nós dois somos parte de uma tendência de consumo que acredito ser um dos maiores desafios que o mundo dos negócios tem de enfrentar hoje em dia.

Contudo, na próxima seção do livro, eu gostaria de fazer uma emenda ao que argumentei antes. Porque o que acredito mesmo é que a maioria das categorias tende a evoluir de maneira bastante previsível *até*... até acontecer o quê? Até chegar uma empresa que faz algo imprevisível e anômalo... que acaba sacudindo a concorrência e os consumidores para fora de suas rotinas normais. Consequentemente, essa empresa é capaz de desviar a trajetória de toda uma categoria para uma direção inesperada.

As marcas que me fazem sentar e prestar atenção são exatamente assim: marcas capazes de atiçar as pessoas e tirá-las de seus padrões de consumo arraigados. Marcas que são capazes de fazer os pragmáticos e os indiferentes se esforçar um pouco mais e comprar os produtos *daquela* marca. Marcas capazes de transformar relutantes em entusiastas e oportunistas em clientes fiéis.

Isso não é algo fácil de se conseguir. Como já observei antes, as atitudes que nós tomamos ao nos relacionar com uma categoria tendem a refletir profundamente os estereótipos embutidos dentro dela, que são reforçados por todas as marcas, todos os anos. É por isso que é tão difícil para nós imaginar um marketing persuasivo, por melhor que seja, que nos faça sentir prazer em, digamos, viajar de avião ou assinar um contrato com uma operadora de telefonia celular. O fato é que a maioria das operadoras de celular *realmente* faz você se sentir como se fosse um refém. Viajar de avião *realmente* parece ter se tornado a maneira de se transportar carneirinhos. Toda água mineral é *rigorosamente igual*. Depois que criamos esse tipo de estereótipo para uma categoria, eles tendem a se tornar quase um reflexo automático. E no entanto algumas marcas conseguem fazer exatamente isso — são capazes de virar esses estereótipos de cabeça para baixo, ganhando nosso respeito e nossa afeição.

Há muitos anos, quando eu estava na faculdade, lembro-me de haver um zunzunzum muito grande sobre uma jovem comediante que se apresentava no Lyceum Theatre, na Broadway. Se eu dissesse que a comediante era a Whoopi Goldberg, isso quase estragaria a história, porque a Whoopi de hoje é uma artista consagrada, extrovertida, uma atriz que já ganhou um Oscar e uma personalidade pública que, às vezes, parece uma palhaça. Mas, naquele tempo, Whoopi era uma completa desconhecida, com um monólogo cômico. Eu me lembro de ter ido ver a peça com uma série de expectativas — achava que ia ser engraçada, talvez até fosse morrer de rir —, mas o que aconteceu foi que o aspecto mais memorável da peça não era o humor, mas a contundência. A peça era de alguém vivida e mordaz, às vezes de partir o coração. O que Whoopi mostrou naquela noite foi uma mistura cortante de performance artística e observação cultural, e, sim, havia um pouco de comédia também, mas qualquer risada que ela tenha despertado foi quase secundária. Devo dizer que a atuação dela foi um *tour de force*.

Quando a maioria das empresas pensa em administrar nossas expectativas, elas tendem a pensar nessas expectativas como que dentro de um eixo vertical; isto é, elas podem superar nossas expectativas nos encantando (o que é bom), ou podem ficar abaixo das expectativas e nos decepcionar (o que é ruim). O que elas se esquecem é de que existe outro eixo, que é perpendicular ao vertical — e é o eixo que entra em cena quando uma empresa nos oferece algo que não atende às nossas expectativas, mas que nos impressiona de maneira completamente inesperada. A atuação de Whoopi pode até não ter me matado de rir, mas criou um encantamento completamente diferente.

Nesse mesmo sentido, outro dia eu estava assistindo a um antigo episódio de *Tom e Jerry* com os meus filhos e fiquei impressionada de ver um pedaço de queijo suíço se transformar num tapete voador, ou um anel de brilhante virar um bambolê antes de se transformar num trapézio de circo. Os desenhos animados nos encantam não por superar as expectativas, mas por detoná-las. Eles ignoram as leis da natureza e, por isso, não competem com um filme de verdade. Eles oferecem uma realidade alternativa.

E essas são as marcas às quais eu me vejo mais tentada a prestar atenção: as que tratam as nossas expectativas como pouco mais do que espantalhos. Elas reconhecem que o seu desafio é tornar essas expectativas irrelevantes no contexto do que estão oferecendo, e, assim, elas assumem a responsabilidade de oferecer uma realidade alternativa, que se choca com a realidade estabelecida.

O interessante é que isso não significa, necessariamente, que essas marcas sejam "melhores" ou "piores" do que as demais opções do mercado. Mas significa, sim, que elas são *diferenciadas*, de maneira que permite que cultivem um relacionamento diferente com os clientes; diferentes da maneira que permite que elas se destaquem no meio da multidão. E, assim, elas servem de exemplos da tese que eu postulei no começo: que a maneira de se pensar em diferenciação não é se baseando na concorrência, mas como fuga total do que faz a concorrência.

Algumas das marcas que vou analisar nos próximos capítulos são famosas, por isso tenho certeza de que você as conhece. Outras são marcas menores das quais você talvez nunca tenha ouvido falar. O que todas elas têm em comum é que são o que eu chamo de "marcas de ideias". Em vez de saírem de algo tão tangível como uma tradicional pesquisa de mercado, essas marcas surgem de algo bem mais incerto — do insight de que é possível fazer as coisas de maneira muito diferente.

Se você já comprou uma casa nova, sabe que uma das principais decisões que um comprador tem de tomar é se ele deve comprar uma casa e reformá-la, ou se deve adquirir uma casa e botá-la abaixo. Comprar e renovar é lidar com o superficial, enquanto se mantém intactos a fundação e a planta básica. Mas botá-la abaixo é uma coisa totalmente diferente. Isso exige começar do zero, com nada mais do que um terreno vazio. Isso pode ser irritante, porque é preciso saber lidar com vários graus de liberdade. Mas também pode ser libertador, pelo mesmo motivo.

As marcas de ideias que vou apresentar aqui representam essa abordagem de "bota abaixo". Elas oferecem uma releitura completa da proposta de valor em suas respectivas categorias. Isso significa que elas devem sua existência a um grau de inspiração conceitual que não é pequeno. Alguém, em algum lugar, teve realmente de se sentar e imaginar como seria uma casa totalmente diferente.

É desanimador pensar no papel minúsculo que a inspiração conceitual passou a ter nas categorias hipermaduras nas quais as empresas, para manter o ritmo da concorrência, passaram a despender tanta energia, que às vezes chegam a perder a capacidade de sequer *tentar* gerar inspiração. E essa é mais uma razão para me sentir atraída pelas marcas de ideia que vou apresentar aqui — porque elas contêm uma pista daquilo que eu acho que está se tornando cada vez mais raro. Em algum momento da história, as pessoas por trás dessas marcas desenvolveram um trabalho criativo que era exigido para se criar uma ruptura conceitual, e a concorrência que se danasse. E como foram capazes de executar com êxito suas inspirações, elas foram capazes de produzir um resultado que simplesmente transformou a categoria.

Dada a concorrência nos mercados em que a maioria das empresas atua hoje em dia, é cada vez mais difícil ser um destacado. É cada vez mais difícil sustentar uma proposta de valor desigual. É cada vez mais difícil arriscar um posicionamento estratégico que coloca sua marca a vários desvios-padrão da média. Eu entendo isso perfeitamente.

É ainda mais difícil inventar uma estratégia que represente uma ruptura no mercado e que gere retornos positivos tanto para os clientes quanto para os acionistas. E, mesmo assim, apesar da expressão "ruptura" geralmente sugerir uma destruição ou violação do que existe, as marcas de ideia que vou apresentar, de certa maneira, conseguiram produzir uma destruição criativa. De alguma forma, elas conseguiram ser rebeldes *com* causa.

Isso significa que essas marcas estão criando alguma coisa, ao mesmo tempo em que estão destruindo. Estão construindo enquanto estão rompendo. E, nesse ínterim, elas estão tentando dar vida a algo que reme contra a maré, que, se você pensar bem, pode ser algo maluco, quixotesco, ou as duas coisas. Por outro lado, essa é a razão pela qual eu acho que essas marcas devem ser estudadas: porque elas estão, na pior das hipóteses, tentando fazer avançar a história de maneira diferente. Elas estão tentando ver o mercado pela lente de uma possibilidade futura e alternativa.

Evidentemente, o problema de se apontar para algumas marcas como exemplos positivos de qualquer coisa é que essa seleção é claramente tendenciosa. Grandes marcas são pessoais e provocam experiências nas pessoas, o que vale dizer que os únicos árbitros legítimos para avaliar se uma marca é ótima ou não são aqueles que as experimentam. Em outras palavras, eu não sou uma expert maior do que você em relação ao que faz uma marca ser digna de elogios. Eu estaria sendo arrogante se pensasse de outra maneira.

Mas tenha em mente qual o meu verdadeiro objetivo aqui. Minha intenção é dar início a uma conversa — não só sobre o que significa se diferenciar no mundo de hoje e na época atual, mas também o que significa oferecer a um grupo de cidadãos entediados, cínicos e *blasés* alguma coisa que eles vão ver, de alguma maneira, como especial. As marcas que escolhi para analisar aqui não têm nada em comum, a não ser o fato de terem me feito parar para pensar. Isso não quer dizer que eu necessariamente "goste" de todas elas, e eu certamente não compraria todas para usar na minha vida pessoal, mas posso ver como elas conseguiram tocar no nervo de algum segmento do mercado, e isso me intriga. E assim eu as ofereço a você, para início de conversa.

Tentei agrupar essas marcas usando uma série de divisões e títulos, mas mesmo essa classificação é frágil e arbitrária. Os rótulos que usei, nas categorias que adotei, não são de modo algum peremptórios e muito menos corretos; são apenas o mecanismo por meio do qual espero desconstruir a maneira como essas empresas conseguiram criar um distanciamento do restante da concorrência.

Como observação final, a essa altura já deve estar bem claro que não tenho a menor dúvida de que existem várias peças centrais na maneira de se fazerem negócios que estão claramente rachadas. Sua manifestação mais nítida é o que chamei de rebanho competitivo monolítico. O bom de tudo isso é que agora existe uma janela de oportunidade para os destacados aparecerem; afinal, para que surja um rebelde é preciso que haja, primeiro, um poder estabelecido contra o qual se rebelar. E, assim, da mesma maneira que os desenhos animados tiram seu poder do contraste que eles têm para os filmes comuns, o que eu espero que você veja agora é que as marcas de ideia tiram seu poder exatamente daquilo que elas estão tentando subverter. E, assim, de maneiras muito estranhas, as empresas que vou apresentar podem ser entendidas desse jeito — como paliativos que devem sua existência a uma doença.

parte 2

sem concorrência

(uma celebração)

reversão

a adoção de uma nova tecnologia pode ser um marco histórico bem ilustrativo. Em 1995, eu era aluna de pós-graduação na Califórnia e, sem que soubesse, meu mundo estava prestes a mudar. O início foi bem inocente; eu tinha acabado de comprar um laptop, e uma amiga minha disse que eu precisava baixar um programa chamado Netscape para entrar na internet.

— Começa teclando Yahoo! — ela me aconselhou.

Naquela época, nós usávamos uns termos complicados como "cyberespaço", "infovias" ou "super-rodovia da informação" para nos referir à internet, e a única maneira que a maioria das pessoas conhecia para se conectar era utilizando o Yahoo! ou um dos outros portais — AOL, Excite, AltaVista etc. O engraçado era que nenhum de nós sabia o que devia estar *fazendo* na internet. Tudo o que sabíamos era que o mundo estava cheio de correntes de informação e, se alguém quisesse explorá-las, precisaria de um guia, uma espécie de pastor alemão virtual, se preferir. E era isso o que os portais de busca ofereciam. Eles prometiam segurar na nossa mão enquanto nos aventurávamos naquele mar de conteúdo desregrado.

Para mim, tudo começou e terminou com o Yahoo!. Quando comecei a utilizar o serviço, a empresa era só um bebezinho, com uns 2 anos de vida, e estava começando a encontrar seu papel no mundo. Mas, à medida que a minha experiência on-line aumentava, o bebê também crescia. Ou talvez fosse o contrário — à medida que o Yahoo! crescia, minha experiência na internet se ampliava, como uma consequência natural.

Primeiro, o Yahoo! passou a dar as manchetes do dia na homepage. Depois, vieram as cotações de ações e os últimos resultados do esporte. Depois, o tempo. Anúncios pessoais. E-mail. Leilões. E a cada novo acréscimo à homepage mais um pedaço da internet se descortinava para mim. Jogos. Classificados on-line. Serviço de agenda. Informações de viagem. Todo dia aparecia uma novidade, um novo benefício para ser explorado. Ofertas de emprego. Horóscopos. Notícias sobre o mundo do showbiz. Era uma espécie de aperfeiçoamento por adição, a uma velocidade estonteante, e, como todos os grandes portais — Excite, AltaVista, AOL — estavam na mesma onda, em alguns anos todos tinham virado uma espécie de salada mista da internet, oferecendo um cardápio bastante amplo de informações e serviços:

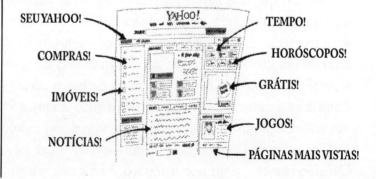

Essas empresas não só estavam ditando o ritmo da concorrência no setor como também o padrão de consumo de como as pessoas acessavam a informação na internet. E se algum dia houve um momento em que parecia fácil fazer um prognóstico — quer dizer, fácil de se dizer como seria o Portal do Futuro —, aquele era o momento, porque a trajetória de evolução da categoria não podia parecer mais clara. Parecia de uma obviedade cristalina que nós nos dirigíamos a um futuro em que todos os grandes portais iriam oferecer homepages infindáveis, repletas de mais benefícios e mais serviços. O Portal do Amanhã seria maior, melhor, mais cheio, mais efervescente e mais esfuziante do que o Portal de Hoje, que por sua vez era maior, melhor, mais cheio, mais efervescente e mais esfuziante do que o Portal de Ontem.

Mas aí aconteceu uma coisa que levantou uma dúvida sobre se o futuro seria assim mesmo. Essa coisa era o Google.

O Google se tornou uma parte tão rotineira da nossa alimentação diária que é fácil se esquecer do quanto ele foi impressionante em sua primeira aparição. Impressionante não pelas coisas que fazia, mas pelo que *não* fazia. Sendo uma empresa que chegou atrasada ao jogo dos portais, a homepage do Google não só era simples, mas também totalmente despojada, nua, o mais absoluto *vazio* de informação. Enquanto o Yahoo! oferecia um mar aberto, o Google oferecia uma tela em branco. Sua homepage consistia de um único elemento: uma caixa de texto e um botão de busca.

E o que a maioria dos usuários comuns não percebeu na época foi como isso era proposital. Desde sua criação, a empresa assumiu um compromisso consciente de oferecer a homepage mais limpa possível, mesmo que isso significasse descartar os benefícios que os consumidores costumavam esperar dos portais de internet. Não havia um único sinal visível de que o Google oferecia notícias. Nem informações sobre o tempo. Ou as cotações da Bolsa. Lojas. Não havia fotos, nem imagens engraçadinhas, absolutamente nada. Em outras palavras, exatamente quando seus concorrentes principais — Yahoo!, AOL e outros — se preparavam para engatar uma quinta marcha, o Google entrou em cena e engatou uma marcha à ré.

O Google é aquilo que eu gosto de chamar de uma "marca que adota o posicionamento inverso". Essa espécie de marca é muito peculiar, pois toma a decisão deliberada de desafiar a tendência de acréscimos e aperfeiçoamentos numa categoria em que os clientes passaram a esperar esses acréscimos. Isso significa que existe o compromisso de se tirarem benefícios que o resto do setor considera necessários para competir. As marcas que adotam o posicionamento inverso são aquelas que dizem não onde os outros dizem sim. E fazem isso abertamente, sem pedir desculpas.

Pense, por um momento, nas implicações dessa atitude. Nos negócios em geral e no marketing em particular, existem poucos pecados maiores do que deixar de atender às expectativas do consumidor. Por isso, nada costuma causar mais estranhamento do que a decisão de eliminar aqueles benefícios que os consumidores esperam receber. É por isso que o conceito invertido vai contra todos os instintos de um empresário. Quando toda a categoria está correndo para o norte, não é uma brincadeirinha de criança rumar para o sul.

Mas isso ainda não é tudo. A maioria das marcas despojadas tende a ser pária de mercado. Você sabe bem como são essas coisas — lojas de pechinchas que não inspiram o menor respeito às suas irmãs maiores. Marcas como Motel 6, K-Mart, Bob's Discount Furniture e lojas Family Dollar.

Contudo, as marcas que adotam o posicionamento inverso evitam esse destino fazendo outra coisa, do mesmo nível de ousadia. Elas pegam sua proposta de valor absolutamente despojada e nela inserem uma extravagância totalmente inesperada. Ou seja, elas cercam seu produto simplório com uma espécie de esplendor próprio, e é esse conjunto inspirado de atributos que leva ao posicionamento único da empresa na categoria.

Aqui vai um exemplo. Se você olhasse para uma fotografia do setor de companhias aéreas de dez anos atrás, teria visto uma indústria cheia de passageiros que haviam se acostumado a receber determinado leque de benefícios das grandes companhias, como refeições gratuitas nos voos, a possibilidade de voar de primeira classe ou de executiva, e uma série de opções de preço, como viagens de ida e volta que eram mais baratas do que duas viagens num só sentido.

No entanto, no ano 2000, surgiu a JetBlue, que de uma só tacada cortou todos esses benefícios. Lá se foram as refeições gratuitas. Lá se foi a opção de voar de primeira classe ou de executiva. Lá se foram os descontos de ida e volta (todos os preços da JetBlue se baseavam em viagens de mão única).

Ao mesmo tempo, a JetBlue ornamentou sua proposta de valor bastante elementar com um tipo de extravagância que a maioria de nós nunca havia associado a uma companhia aérea de baixo custo. Belíssimas poltronas de couro que iam até os fundos do avião. Um sistema de televisão via satélite e de entretenimento pessoal em cada poltrona. E uma promessa garantida de nunca tratar mal um passageiro.

É isso o que fazem as marcas de posicionamento inverso. Elas tiram aquilo que nós esperamos e dão aquilo que nós não esperamos. Dizem não onde as outras dizem sim, mas também dizem sim onde as outras dizem não. O resultado é uma proposta de valor que parece ser quase "contrária" para nós.

O Google também nos presenteava com ondas de indulgência. Talvez o aspecto mais generoso da homepage do Google fosse sua absoluta falta de anúncios. Antes da chegada do Google, o acordo tácito na internet era o de que, em troca dos serviços gratuitos da rede, haveria um uso maciço de propaganda. As empresas tomavam esse acordo como certo, e os usuários também.

Dito isso, havia algo quase decadente na pureza da experiência do Google. Abrir a homepage do Google era como entrar numa daquelas butiques de alto luxo em que uma quantidade mínima de mercadorias é apresentada no cenário mais limpo possível. Pode haver elegância no minimalismo, e o Google pareceu entender isso, oferecendo um tipo de gosto discreto que não se encontrava em outros lugares da internet.

A homepage do Google também tinha outros toques de extravagância sutil, quase como um pequeno acréscimo: os resultados vinham com a velocidade de um raio (tão rápidos que eles chegavam a anunciar a quantidade de milissegundos na demora da busca) e um logotipo simpático, que mudava para comemorar algumas datas do calendário. Juntos, esses benefícios compunham uma proposta de valor que não nos afogava numa enxurrada de benefícios, mas, em vez disso, sugeria uma qualidade mais discricionária.

E, de novo, é isso o que a maioria das marcas invertidas faz: elas eliminam, mas também elevam. Elas tornam as coisas despojadas, mas também as adoçam. O resultado é uma fusão do básico com o sublime, uma fusão que pode parecer estranha, desconhecida e até mesmo desconcertante à primeira vista — mas que as distingue inteiramente.

A verdade é que, no final dos anos 1990, o Yahoo!, a AOL e os outros portais podiam até alardear que eram diferentes uns dos outros, mas as propostas de valor deles eram basicamente as mesmas. O mesmo vale para a Delta, a American e a United Airlines. Elas podem até ter dito que eram diferentes umas das outras, mas suas propostas de valor eram basicamente as mesmas. O Google e a JetBlue entraram em seus respectivos mercados com uma mistura incomum de elementos improváveis. Assim, enquanto a concorrência ficava unida como se fosse um rebanho, essas duas marcas conseguiam se destacar.

Nos negócios, é fácil cair no hábito de pensar que a maneira de se fazer melhor é simplesmente fazer mais. É fácil pensar que a maneira de melhorar o sabão em pó é fortalecer suas características de amaciante, ou oferecer alguns tipos de fragrância a mais. É fácil pensar que a maneira de se melhorar uma companhia aérea é simplesmente acrescentar alguns benefícios ao programa de milhagem, ou despejar mais algumas opções de preços.

Em certas questões, esse impulso reflexivo pode até ser visto como elogiável. Porém, o mais comum é que, quando você vir uma empresa constantemente mudando sua proposta de valor com um aperfeiçoamento depois do outro, esteja olhando para um negócio que se dedique a ser o melhor que ele pode ser. Ritz-Carlton, Nordstrom, Four Seasons são empresas que pensam em seus consumidores e, como pensam nos clientes, se orgulham de trabalhar sob a premissa de que, independentemente do quanto sejam boas no que fazem, sempre existe a possibilidade de haver clientes que não estejam 100% satisfeitos. Essa premissa, então, serve como motivação para se prestar um serviço melhor, fazer produtos melhores e oferecer uma qualidade melhor.

No entanto, se a história dos aperfeiçoamentos tiver uma parábola, ela diz que é possível melhorar tanto um produto que acaba se atingindo a mediocridade. Já examinamos isso num capítulo anterior. Quando todos os restaurantes da cidade oferecem um bufê fabuloso, no qual se pode comer de tudo, é só uma questão de tempo até pararmos de nos impressionar com isso.

É por esse motivo que a ideia de uma inversão bate de frente com a nossa intuição convencional do que é um negócio. Uma empresa que adota um posicionamento inverso se recusa a entrar no jogo bruto dos aperfeiçoamentos, não porque ela não se importe com seus clientes, mas porque opera sob a premissa contrária — de que, diante da hipermaturidade da categoria, já tem muita gente por aí *mais* do que satisfeita, ou seja, que já recebe um conjunto inflado de benefícios, com os quais elas não se importam, necessariamente. Essa premissa serve então como motivação para simplificar a proposta de valor, em vez de inflá-la ainda mais.

Evidentemente, só porque as pessoas estão *mais* do que satisfeitas não quer dizer que elas estejam procurando um produto que seja barato e austero, do ponto de vista convencional. Elas podem não querer tudo, mas isso não significa que vão se contentar com nada. E, assim, a marca inversa tenta fazer uma mistura incomum, composta de algo menos, mas também de algo mais. Ela procura criar uma simbiose de elementos que nós fomos treinados a acreditar que não combinam. A ideia é ser um paradoxo, e um paradoxo bem legal.

Aqui vai mais um exemplo. Imagine que você tenha acabado de se casar e esteja com sua esposa no meio de uma loja de móveis, como, digamos, a Ethan Allen, ou a Jordan's Furniture, tentando comprar sua primeira sala de estar. E, como você está pagando por essa sala de estar, não está no melhor do seu humor. Para falar a verdade, você é o exemplo perfeito de um relutante nessa categoria. E não é o único que está de mau humor. Sua esposa não sorriu nem uma vez desde que você entrou na loja e, pensando bem, agora você percebe que a loja inteira parece estar cheia de gente que preferiria estar em outro lugar. Aparentemente, todos são relutantes nessa categoria.

Na verdade, você está passando por uma situação que os mandarins da indústria de móveis já conhecem há séculos: os americanos odeiam comprar móveis. Se você for remotamente parecido com um americano médio, provavelmente vai manter o mesmo sofá por muito mais tempo do que o seu carro, e provavelmente vai trocar de cônjugue pelo menos com a mesma frequência que troca a mesa de jantar, ou 1,5 vez na vida.

Verdade seja dita, todas as lojas de móveis da sua cidade conhecem muito bem esse seu desprazer, e, assim, elas fazem um esforço enorme para tornar a experiência o mais agradável possível para você. Elas aumentaram as opções de produtos para lhe dar uma enorme gama de alternativas para escolher. Elas se encheram de consultores de vendas para ajudá-lo a visualizar e desenhar sua nova sala de estar. Criaram serviços de entrega para transportar suas compras até em casa. E, o mais importante, elas sabem que você não pretende voltar a fazer compras em breve, e por isso fizeram com que os móveis que vendem durem a vida inteira — *"Esta é a última sala de estar que você vai ter de comprar na vida"*.

Mas o interessante é o seguinte: enquanto você está lá, na loja de móveis, nenhum desses atrativos altera 1 centímetro do seu comportamento. Ao contrário, os próprios aperfeiçoamentos é que põem tudo a perder. Você se sente irritado com a quantidade de opções oferecidas e fica farto das consultoras de compras que tentam fechar logo a venda. E ainda se ressente do peso de ter de escolher uma sala de estar à qual vai ficar preso pelo resto da vida...

Essa falta de lógica autoderrotista dos aperfeiçoamentos é tamanha que ela não só é incapaz de aumentar a satisfação do cliente como também acaba por diminuí-la. Num negócio, a indicação mais clara de que isso está acontecendo ocorre quando os clientes começam a transformar os seus aspectos positivos em negativos. Você os cerca de amáveis consultores de vendas e eles se ressentem da intromissão. Você oferece uma homepage cheia de notícias, informações sobre o clima, esportes e outras coisas e eles reclamam do excesso de informação e do tempo que demora para carregar a página. Você oferece refeições gratuitas nos voos e eles reclamam do gosto que a comida tem. É o caso clássico da cura que vira uma doença.

Dito isso, um dos estudos de caso mais populares que já escrevi conta a história da IKEA North America. Imagino que você já tenha ouvido falar dessa marca. Segundo as agências que medem esse tipo de coisa, é uma das marcas de consumo mais poderosas do mundo.

A maioria das marcas globais constrói sua reputação em torno de um conjunto de pontos positivos — as boas coisas que elas fazem por seus clientes. O que a IKEA tem de intrigante é que ela construiu, deliberadamente, sua reputação em torno de um conjunto de pontos negativos — os elementos de serviço que ela escolheu negar de propósito aos clientes. Pegue uma pessoa qualquer na rua, pergunte se ela já ouviu falar da IKEA e há uma boa chance de ela responder: "Não é aquela loja que faz você mesmo carregar e montar seus móveis?" Essa é uma empresa que, desde o início, sempre se orgulhou muito daquilo que não faz, tanto quanto daquilo que faz.

Aliás, quando a IKEA foi lançada nos Estados Unidos, ela adotou uma proposta de valor que parecia quase absurda naquela economia, especialmente se comparada às ofertas mais adocicadas dos outros varejistas de móveis na praça. Ela oferecia uma variedade mínima: os móveis tinham quatro estilos básicos: escandinavo, moderno, country e jovem sueco. Praticamente, não oferecia auxílio nas lojas: as lojas eram desenhadas propositadamente para fazer os clientes passarem por espaços cavernosos sem a ajuda dos consultores de vendas. Ela não oferecia entrega, nem montagem. Esperava-se que os clientes não só transportassem os móveis para casa como também os montassem. Não oferecia sequer a promessa de durabilidade. Em vez disso, a empresa reconhecia abertamente que aquela mobília tinha poucas chances de durar para sempre e incentivava os compradores a pensar em seus produtos como bens descartáveis que teriam de ser substituídos em alguns anos.

E, no entanto, a IKEA embalava suas ofertas num conjunto impressionante de outros atributos que disfarçavam essa imagem ascética. Os clientes da IKEA podiam deixar as crianças numa área de recreação operada pela empresa, e brilhantemente desenhada, enquanto faziam suas compras. Podiam almoçar num café que servia comidas finas como salmão defumado, tortas de lingonberry e almôndegas suecas. Podiam comprar outras coisas além de móveis — utensílios para o lar e brinquedos de design inteligente que não se achavam em outras lojas. Enfim, a IKEA se afastava da atmosfera lúgubre e de armazém associada à maioria dos varejistas de móveis, em favor de uma atmosfera ultramoderna, alegre e arejada. Essa mistura europeia de varejo com entretenimento vinha junto com um leque de produtos que, apesar de ter um número limitado de opções, se ligava a um estilo escandinavo especial — que comunicava simetria, simplicidade e despretensão, tudo ao mesmo tempo.

E é isso o que faz a IKEA ser uma marca de posicionamento inverso: ela nos dá algo menos, mas também dá algo mais. Ela combina sutilmente elementos que nós não estamos acostumados a ver juntos. É uma marca paradoxal, sim, mas que é incrivelmente adequada para um consumidor paradoxal — aquele que está mais do que satisfeito e é difícil de se agradar.

Aliás, se eu tivesse de apontar o segredo do apelo da IKEA, diria o seguinte: a IKEA é uma marca que descobriu o barato de uma contradição que não pede desculpas por existir. Ela é mordaz e complacente. Sabe dizer sim e não. Ela despoja e adoça as coisas. Ela se deparou com uma dicotomia e, de alguma maneira, descobriu como fazer essa dicotomia cantar.

O conceito de "satisfeito demais" só faz sentido num mundo em que já temos demais. Como gosto de dizer aos meus alunos, ser *blasé* é quase igual ao efeito de uma droga. Nós vivemos numa cultura em que o máximo do consumo sofisticado é se recusar a ficar impressionado por muito tempo.

O que torna essa postura assustadora para um negócio é que ela significa que você pode oferecer todos os acréscimos e aperfeiçoamentos do mundo — os bufês completos mais maravilhosos, em que se pode escolher de tudo, os exércitos de assistentes de vendas, as homepages mais abarrotadas — e isso não vai lhe trazer muita coisa, pelo menos não por muito tempo. A saciedade tem o efeito perverso de fazer com que nada seja muito gostoso.

E, no entanto, existe uma conclusão meio estranha para tudo isso, uma conclusão mais ou menos assim: num mundo saturado, pode-se ter apreço pela eliminação de alguns benefícios, desde que essa eliminação seja executada com cautela. Quando as pessoas estão acostumadas a ter demais, elas vão se encantar com a ausência daquilo que sempre acharam natural ter.

Com toda a sinceridade, uma ida até a IKEA pode ser um transtorno colossal. Ela não só exige normalmente uma ou duas horas de viagem para se chegar até lá (só existem umas 12 lojas espalhadas por todos os Estados Unidos), como a escolha, o carregamento e o transporte podem tomar um dia inteiro. Também existe o desafio monumental da montagem que o aguarda, depois que você descarrega as suas compras. E Deus me livre de você ter de transportar os móveis depois de um ano ou dois de montados. O negócio é suficientemente frágil para levantar sérias dúvidas sobre se ele aguenta uma mudança.

E, no entanto, aqui está o que eu acho que é fascinante no fenômeno IKEA: quando você ouve os amantes da IKEA defendendo a marca (e, pode acreditar, eles são muitos), eles não só vão falar dos aspectos positivos, mas também vão racionalizar os negativos. Eles irão reconhecer que a viagem até uma loja da IKEA pode ser inconveniente, mas vão tentar convencê-lo de que é "uma verdadeira expedição, uma aventura". Vão dizer que demora um pouco para se comprar tudo, mas também dirão que visitar a loja é como "estar na Disneylândia". Eles concordam que montar os móveis é um porre, mas também alegam que dá "uma enorme sensação de poder". E sorriem quando você pergunta sobre a fragilidade dos móveis, observando que é "libertador" não ter de ficar com eles por muito tempo.

O que você ouve aqui é uma rara alquimia de marca — o som dos clientes transformando os aspectos negativos da marca numa série de pontos que são positivos para eles. A IKEA conseguiu, de alguma forma, virar de ponta-cabeça a hipótese do consumidor mimado. Seus clientes sofrem bastante, mas mesmo assim se sentem muito bem tratados.

Do ponto de vista de um empresário, seria muito conveniente se a relação entre dar mimos a um cliente e a satisfação dele fosse perfeitamente linear, mas a história da IKEA mostra o quanto a realidade pode ser mais complexa. Sim, o cliente pode se sentir satisfeito ao ser paparicado, mas também pode se ver satisfeito com uma série de restrições, desde que essas restrições sejam oferecidas de modo significativo para eles. Os spas mais exclusivos jogam com essa psicologia regularmente. Eles restringem e paparicam ao mesmo tempo.

É por isso que as marcas que adotam um posicionamento inverso são um reflexo tão grande da cultura contemporânea em que estão inseridas. Porque, implícito no posicionamento delas está uma nova compreensão de que, num mundo com excesso de aperfeiçoamentos, alguns cortes podem ter um apelo próprio. E, assim, elas nos oferecem algumas restrições, juntamente com um jorro inesperado de indulgências — só para fazer nossas papilas gustativas se acalentarem de novo.

Na Califórnia, há uma cadeia de lanchonetes que adota o posicionamento inverso chamada In-N-Out Burger. Ao contrário de seus concorrentes de fast-food, o In-N-Out Burger não tem menu infantil com direito a brindes, nem salada, nem sobremesa. Em vez disso, ela só oferece seis opções num menu que não muda há várias décadas. No entanto, por baixo dessa superfície, há muita coisa boa acontecendo: todos os itens do menu são preparados na hora, com ingredientes frescos (e não congelados), e os clientes "que tenham informações internas" podem escolher as opções de um "menu secreto" que não é anunciado e que só pode ser conhecido pela propaganda boca a boca. Que tipo de lanchonete é essa, que oferece opções que ela simplesmente não divulga para todo mundo? O In-N-Out Burger. E, numa categoria cheia de pragmáticos e conhecida por não ser o tipo de produto que os usuários alardeiam consumir, seus clientes são fanáticos fervorosos.

É difícil dizer o quanto isso é importante. Quando o primeiro In-N-Out Burger abriu as portas em Utah, há alguns anos, um repórter local parou para ver o motivo daquela confusão toda e descobriu, no meio da clientela, um grupo de alunos da Universidade de Brigham, que havia dirigido mais de 800 quilometros para almoçar. Em 2006, a (celebutante debutante) Paris Hilton foi presa e algemada a alguns quarteirões de um In-N-Out, acusada de dirigir bêbada. Mais tarde, ela confessou no programa de Ryan Seacrest que "eu estava com muita fome e realmente queria comer um hambúrguer da In-N-Out". Os clientes normalmente alardeiam até que ponto estão dispostos a ir — a distância que são capazes de dirigir, o tempo que estão dispostos a esperar na fila — só para comer um hambúrguer da In-N-Out, e sabe-se que alguns chegaram até mesmo a instalar um aplicativo para "Localizar In-N-Out" nos celulares ou nos computadores de mão.

In-N-Out Burger. IKEA. JetBlue. O que todas essas marcas têm em comum é que elas conseguiram cultivar o segmento mais difícil de uma clientela: as pessoas dispostas a serem missionárias da marca. O que não quer dizer que as marcas que adotam um posicionamento inverso sirvam para todo mundo; marcas bem definidas quase nunca servem. Só quer dizer que existe um nível impressionante de lealdade concentrado nessas marcas, apesar do fato de todas elas competirem em indústrias em que é difícil se encontrar lealdade.

Quando retira certos benefícios de uma proposta de valor, você está, de certa maneira, cristalizando as coisas. Você está eliminando o irrelevante, para jogar uma nova luz sobre o que é fundamental. Marcas que adotam o posicionamento inverso podem ser de uma clareza meridiana justamente por esse motivo.

E, mesmo assim, marcas que adotam o posicionamento inverso podem ser extremamente difíceis de serem rotuladas. Elas não são como aquelas tradicionais marcas de luxo; são muito sutis para isso. E também não são aquelas típicas marcas de produtos baratos; são muito benfeitas para isso. Ao contrário, elas rejeitam qualquer tipo de estereótipo, o que só mostra que, em categorias abarrotadas de mesmice, esse status de destacados pode ser um ímã e tanto.

Nós temos uma tendência a acreditar que a história avança numa série de passos cumulativos, que o progresso é sinônimo de uma marcha para a frente. Mas as marcas que adotam um posicionamento inverso servem como um lembrete de que esse nem sempre é o caso; a história pode avançar por uma série de inversões progressivas. A televisão do futuro pode até ter mais botões, mas é igualmente possível que tenha menos. As utilidades domésticas do futuro podem até durar mais, mas é igualmente possível que sejam mais descartáveis.

Se há vinte anos você tivesse previsto que a única marca capaz de cultivar clientes fiéis e entusiasmados na categoria de móveis para o lar fosse aquela que, de muitas maneiras, impusesse o maior transtorno, eu provavelmente teria dito que você estava maluco. Se há dez anos você dissesse que o portal número 1 da internet seria aquele que oferecia o menor número de benefícios na homepage, eu provavelmente teria dito que você estava maluco.

E hoje, no entanto, é exatamente isso o que nós temos. O que significa que, em matéria de preferência de consumo, o que vamos querer amanhã provavelmente vai estar ligado ao que nós temos em demasia hoje. É preciso estar abarrotados de escolhas para nos sentirmos libertados quando alguém tira esse peso de nós. Apenas quando nos sentimos sufocados pelos serviços de atendimento ao consumidor ficamos gratos pela ausência deles. Menos é mais apenas quando o mais virou uma commodity.

Daí a ironia de que, no papel, a estratégia da inversão sempre irá parecer o contrário de uma melhora. Tudo o que parece ser uma rejeição de uma categoria existente vai, por definição, se parecer com uma rejeição dos avanços feitos pela categoria nos últimos anos e, de maneira mais ampla, uma rejeição da própria ideia de progresso. No entanto, o que a essa altura já devia estar claro é que as empresas que se dedicam a essas reversões estão, na verdade, tentando tirar algo mais brilhante da cartola. Elas estão tentando vencer uma corrida desenfreada; a reversão delas é precoce, porque elas veem mais longe.

Nesse processo, essas marcas continuam a jogar seus colegas mais competitivos na posição mais desconfortável possível — a de ter de dar marcha à ré sem ter certeza do que estão fazendo. Aliás, se você analisar os concorrentes de perto, será possível ver aqueles balõezinhos de pensamento em cima da cabeça deles: *Hmmm... talvez nós também tenhamos de reduzir os preços que cobramos em nossos voos... Talvez tenhamos de começar a pensar em simplificar o site...* Como empresário, nunca é simpático ficar na defensiva e, no entanto, é exatamente isso o que acontece — as marcas que adotam o posicionamento inverso jogam seus colegas na defensiva, obrigando-os a reavaliar a racionalidade de suas próprias propostas de valor.

Há cerca de dez anos, um diretor chamado Christopher Nolan lançou um thriller psicológico ultranoir chamado *Amnésia*, sobre um sujeito que sofre de perda de memória de curto prazo. O que impressiona no filme é que ele corre de trás para a frente, com cada cena na ordem cronológica inversa. E, mesmo assim, o filme traz uma série de revelações. Revelações imprevisíveis e de fazer esbugalhar os olhos. Eu voltei a ver o filme há pouco tempo e percebi que é exatamente isso o que fazem as marcas que adotam o posicionamento inverso.

Quando a Nintendo lançou o Wii, em 2006, a guerra entre os consoles de videogames estava a todo vapor, e o lançamento de cada nova geração de console marcava uma nova escalada nessa corrida armamentista — com processadores mais rápidos, uma capacidade de armazenamento mais volumosa e maior resolução gráfica. Mas a Nintendo saiu dessa corrida nos dando um console que tinha bem menos coisas do que estávamos esperando e que trazia muito mais daquilo que não esperávamos. O resultado foi uma revelação. Uma revelação de arregalar os olhos, e que ninguém havia antecipado.

Tudo o que é preciso é uma única empresa para alterar a trajetória da evolução de uma categoria. Tudo o que é preciso é que uma empresa chegue e mude as nossas previsões sobre o futuro. Role uma bolinha de gude numa superfície plana e ela vai seguir uma trajetória linear e previsível... até aparecer alguma coisa para desequilibrar a superfície. O Google fez isso há dez anos — ele chegou e desequilibrou o campo de jogo. A IKEA chegou e fez a mesma coisa, assim como a JetBlue e o Wii, da Nintendo.

Talvez haja uma maneira melhor de se dizer isso: as marcas que adotam o posicionamento inverso geram uma espécie de inclinação na superfície do progresso, da evolução e das expectativas. Elas nos empurram para um caminho divergente, fazendo pressão exatamente no ponto em que nós menos esperamos.

Como observação final, devo dizer que a IKEA é uma marca muito desigual. O Google é uma marca muito desigual. A In-N-Out Burger é uma marca muito desigual. E o problema das marcas desiguais é que elas são intrinsecamente desequilibradas, o que significa que estão sempre sendo pressionadas para adotar uma postura mais "redonda". A IKEA de hoje está sempre se confrontando com exigências para oferecer serviços de entrega, montagem etc., e mantém uma luta constante sobre como deve responder a esses pedidos sem diluir a pureza de sua proposta de valor. O Google de hoje cresceu e virou um negócio de imensa complexidade, que oferece um leque infinito de produtos on-line e se depara com uma luta constante de como oferecer esses produtos sem desvirtuar o aspecto clean da promessa original da marca. Nós ainda vamos ver se essas duas marcas, para não falar das outras citadas neste capítulo, serão capazes de negociar essas tensões no futuro.

Mesmo assim, eu não as desprezaria. Ao longo dos anos, aprendi muita coisa vendo essas marcas em ação, e algo que descobri foi que, pela simples razão de essas empresas terem saído de um ponto de partida tão diferente dos concorrentes, elas conseguiram desfrutar de anos de uma diferenciação solitária. E, num mundo repleto de imitações, essa é uma façanha e tanto.

ruptura

tenho uma pergunta para você: se você pudesse ter o seu próprio robô em casa, quais seriam as tarefas dele?

Perguntei exatamente a mesma coisa a um grupo de amigos há pouco, e as respostas foram mais ou menos as seguintes: "ele ia aspirar o pó dos tapetes"; "ele iria lavar os pratos para mim"; "ele iria cortar a grama do jardim"; "ele responderia aos meus e-mails"; "ele limparia os banheiros lá de casa".

O mais engraçado é que pergunta não precisa de uma introdução. Um robô é uma coisa que todos nós "entendemos", por isso não tenho de explicar o que é, ou a aparência dele. Todos nós temos um arquétipo comum da ideia de um robô, de tal maneira que, se eu pedisse a você para desenhar um, o desenho provavelmente ia ficar parecido com o meu.

Considerando-se que nenhum de nós já tenha se encontrado com uma geringonça dessas na vida real, isso é realmente curioso. Na comunidade dos criadores de software, a expressão "vaporware" se refere a um tipo de software que ainda não existe, muito embora ele já esteja sendo anunciado para o público. Os robôs são uma espécie de vaporware de primeira linha. Eles ainda não existem de verdade (pelo menos, não do jeito como nós os imaginamos) e, no entanto, de muitas maneiras, eles já vêm sendo vendidos para nós — por diretores de cinema e escritores de ficção científica, só para citar alguns. O resultado é uma categoria de produto (ROBÔS) que existe na nossa cabeça, mas não na nossa casa.

E eu posso dizer o seguinte: se eu tivesse um robô, ia querer que ele fosse minha empregada doméstica e secretária particular ao mesmo tempo. Ia querer que ele trouxesse o meu jantar, limpasse a casa, organizasse a minha agenda de viagens e pagasse as minhas contas. Ia querer que sua voz tivesse um leve sotaque de Cingapura e que ele fosse fluente em vários idiomas. E, além de fazer tudo isso, ele ainda teria senso de humor.

Há cerca de 12 anos, um grupo de engenheiros da Sony, comandados por Toshitada Doi, um dos principais engenheiros de informática da empresa, ficou instigado pela possibilidade de criar um robô pessoal doméstico para o consumidor comum. Não seria magnífico, pensou Doi, se um dia pudéssemos criar um robô que lavasse os pratos, limpasse as roupas e fizesse todas as tarefas ingratas da casa? E foi assim que Doi e sua equipe deram início ao processo de desenvolvimento preliminar do robô doméstico do futuro.

No entanto, quase imediatamente, Doi se deparou com um dilema. Ele sabia que, independentemente da quantidade de dinheiro que a Sony despejasse no projeto, demoraria muitos anos até que a empresa conseguisse produzir o tipo de robô que os consumidores costumavam associar ao arquétipo mental que elas faziam de um ROBÔ. A tecnologia da inteligência artificial (IA) ainda era, simplesmente, muito primitiva; a engenharia robótica daquela época era simplesmente muito crua. O que quer que a equipe produzisse no curto prazo estava fadado a ter um monte de falhas, ser pouco confiável e com uma aplicabilidade prática restrita — em outras palavras, um robô que seria uma decepção garantida para as pessoas.

Diante desse dilema, Doi tomou uma decisão singular: decidiu que a maneira de driblar qualquer decepção dos consumidores em potencial, pelo menos no curto prazo, seria dar ao produto a aparência de um boneco e vendê-lo ao mercado como se fosse um bichinho de estimação. Não um robô em si, mas um *bichinho* robótico. Chamado AIBO. E que teria mais ou menos este aspecto:

Além disso, Doi decidiu que, do ponto de vista funcional, o produto seria vendido como sendo tão útil quanto um animalzinho de estimação de verdade, ou seja, não teria nenhuma utilidade prática. O AIBO foi posicionado para ser um *companheiro*. Como disse o diretor-geral do AIBO, Takeshi Yazawa: "No final, todos nós concordamos (...) que o AIBO o ama e você ama o AIBO, nada além disso."

A propósito, toda a campanha de marketing tinha um toque exótico e bem-humorado. O material promocional se referia ao AIBO como um cachorrinho autônomo, com uma personalidade individual — literalmente, um bichinho que "pensa com a própria cabeça" —, enquanto os textos de publicidade eram cheios de tiradas espirituosas. Quanto ao principal público-alvo do animalzinho, era formado por pessoas mais velhas, pais com crianças pequenas e profissionais jovens e atarefados — pessoas que queriam ter "o prazer de estar com uma criatura viva, mas sem ter de administrar a bagunça que isso representa".

Essa abordagem era particularmente estranha, quando se considerava o que ia embutido na máquina. O AIBO não era um brinquedinho barato — com um preço salgado de 2.500 dólares (que não cobria sequer os custos de produção da empresa), ele trazia dentro de si uma tecnologia de altíssimo nível: inteligência artificial de primeira linha, um processador RISC de 64 bits e uma câmera colorida com CCD de 180 mil pixels dotada com sensores infravermelhos. E, mesmo assim, essas façanhas da engenharia recebiam um destaque pequeno na mensagem geral para o mercado. O que os consumidores ouviam era que o AIBO era um animalzinho de estimação — um bichinho alegre, meio doido e com uma cabeça independente —, o mais próximo de um cachorrinho que a moderna tecnologia era capaz de produzir.

Quando os meus filhos eram pequenos, eles passaram por uma fase em que tudo o que faziam era categorizar as coisas: *uma maçã era uma fruta. Um cavalo era um animal. Uma flor era uma planta.* A categorização era a maneira que eles tinham de fazer conexões, de dar sentido ao seu mundo. E, assim, eles brincavam de agrupar as coisas no primário: *"Qual desses objetos não se encaixa aqui?"* Eles guardavam o trem elétrico numa caixa e os carrinhos de miniatura em outra. E, a cada dia que passava, tinham mais um insight sobre a ordem de tudo: *mamãe, você sabia que o sol é uma estrela? Que os golfinhos são mamíferos? Que no inglês a letra Y, ao mesmo tempo, é uma vogal e uma consoante?*

Há cerca de noventa anos, Walter Lippmann publicou o livro *Opinião pública*, um clássico da crítica social, em que escreveu que: "Na maioria das vezes, nós não vemos primeiro e depois definimos. Primeiro definimos e depois vemos." O que Walter Lippmann estava dizendo, basicamente, era que, como seres humanos, nossa tendência para categorizar é instintiva, automática. Nós precisamos saber o que uma coisa *é* antes de imaginarmos de que maneira devemos nos relacionar com ela. E, assim, criamos categorias para as pessoas: patrões ou empregados. Para coisas: líquidas, sólidas ou gasosas. Para cores: azul, vermelho, verde. E por aí vai. E quando, por acaso, acontece de nós encontrarmos uma coisa que nós não somos capazes de rotular — como, por exemplo, uma pessoa de um gênero intermediário —, essa ambiguidade tem o poder de nos fazer estacar. *Peraí, aquilo que passou ali era homem ou mulher?* Igual àquela esquete do *Saturday Night Live*, no qual Julia Sweeney fazia o papel da andrógina "Pat". Nós temos dificuldade de avançar, antes de definirmos as questões mais elementares.

Mas aí acontece o seguinte: quando falamos de física e outras ciências afins, nossas categorizações tendem a ser, na maioria das vezes, rigorosas e objetivas. Elas refletem diferenças inatas entre sólidos e líquidos, ou entre prótons e nêutrons. Ao lidar com as ciências biológicas, nossas categorias também não são subjetivas: elas refletem as discrepâncias intrínsecas entre mamíferos e peixes, ou entre o DNA e o RNA. Mas na hora de falar dos utensílios do dia a dia — aquelas *coisas* de rotina que nós consumimos diariamente —, nossas categorias não são sequer vagamente científicas. São extremamente subjetivas, de maneira até marcante.

E isso é especialmente relevante para o mundo dos negócios. Aqui, a resposta à pergunta "o que faz uma coisa ser uma coisa?" pode ser extremamente vazia. Um cereal só é um cereal porque aquele alimento foi partido em pedaços que cabem numa colher; se os pedaços fossem um pouco maiores, já seriam um biscoito. Um Frappuccino só é um Frappuccino porque é vendido no Starbucks, com preço de Starbucks. Em qualquer outro lugar, ele seria apenas um milk-shake com cafeína. E isso é de uma superficialidade tocante.

Mas, ainda que num nível mais profundo nós tenhamos consciência disso, mesmo assim permitimos que essas distinções guiem o nosso comportamento. A maioria de nós provavelmente se sentiria acanhada se fosse pega bebendo um milk-shake no escritório; mas um Frappuccino é completamente diferente. O mesmo vale na hora de decidir com os meninos se eles podem comer cereais no café da manhã. Cereais provavelmente são aceitáveis; biscoitos, não.

É por isso que, quando o assunto é consumo, nossos rótulos para as categorias podem ser capciosos, ilegítimos e, às vezes, até espúrios, mas seria um erro considerá-los insignificantes. Ao contrário, eles marcam nossas experiências de consumo, gerando enormes consequências.

O Sony AIBO foi posto no mercado em 1999 e, como os engenheiros haviam previsto, ele tinha todas as falhas de um aparelho de primeira geração extremamente complexo e que era o mais moderno que havia no mundo. Era sujeito a todo tipo de defeitos internos de software, suas falhas eram imprevisíveis e, às vezes, ele simplesmente desobedecia totalmente aos comandos do dono. Mas foi exatamente nesse ponto que entrou em cena o rótulo da categoria. Como o AIBO foi lançado como um ANIMAL DE ESTIMAÇÃO, e não como um ROBÔ, o comportamento dos proprietários assumiu uma feição um tanto incomum.

Eu escrevi um estudo de caso sobre o AIBO no início dos anos 2000 e, no decorrer da minha pesquisa, passei bastante tempo observando os donos interagindo com seus AIBOs. O que era palpável nessas interações era a corrente de afeição que havia entre eles. Considerando-se que aqueles consumidores tinham pago muito mais de 2 mil dólares por aqueles brinquedinhos, os donos de AIBOs eram extremamente pacientes. Isso ficava ainda mais claro quando o AIBO simplesmente não obedecia às ordens do dono; em vez de se sentir frustrado, o dono comum se conformava a dar uma risada diante da teimosia do AIBO, ou fazia um comentário espirituoso sobre a "personalidade individualista" da criatura. Como disse um simpático proprietário: "Nunca imaginei que ele fosse ter vontade própria! Ele me ignora quando eu chamo e não sabe nem me distinguir de uma bola."

Agora vamos parar para pensar um pouco no assunto. Como eu disse, trata-se de pessoas que pagaram caro para ter a chance de serem donos de algo que vinha com a mais avançada tecnologia robótica. É de se imaginar que eles fossem ser extremamente exigentes quanto à performance do brinquedinho.

E no entanto era como se a categorização como ANIMAL DE ESTIMAÇÃO, em vez de ROBÔ, os tivesse liberado, de certa maneira, para se comportar de maneira diferente dos adotantes iniciais de outras tecnologias caras e de ponta. É claro que eles compreendiam que um ROBÔ deveria ser capaz de obedecer aos comandos que recebessem, ser de grande eficiência funcional e extremamente inteligentes. Mas eles também compreendiam que um ANIMAL DE ESTIMAÇÃO era algo diferente. Eles metiam os pés pelas mãos mesmo e faziam o que lhes desse na veneta. E, assim, desde o primeiro momento em que compararam o AIBO, eles abafaram o impulso de julgá-lo de acordo com o arquétipo-padrão da categoria (ROBÔ) e permitiram que entrasse em cena um arquétipo alternativo (ANIMAL DE ESTIMAÇÃO).

O AIBO é aquilo que eu chamo de marca de ruptura. As empresas que lançam marcas de ruptura entendem que, em matéria de consumo, nossas classificações costumam ser superficiais e arbitrárias. Mas elas também reconhecem que essas classificações influem profundamente nas nossas experiências de consumo. E, assim, elas interferem deliberadamente no processo de classificação, oferecendo uma categoria alternativa para substituir a categoria-padrão. São empresas que dizem: *eu sei que você se sente propenso a pensar nisso aqui como uma fatia de QUEIJO SUÍÇO, mas e se você pensasse nisso como um TAPETE VOADOR?*

Para compreender o quanto pode ser pronunciada a influência de uma recategorização, imagine se, em vez de desenvolver um AIBO parecido com um cachorrinho, a Sony decidisse desenvolver um robô funcional que mais parecesse um mordomo, com o formato de um ser humano — um androide de metal, grandalhão, com traços de Robocop, mais ou menos assim:

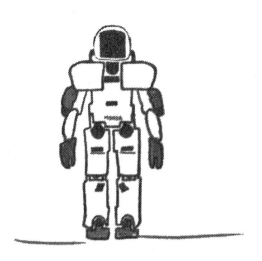

Diferente

Agora, imagine se você fosse o crítico de tecnologia de um grande jornal e ficasse incumbido de escrever sobre esse androide grandalhão. Você o leva para casa, junta alguns amigos para ajudar a testá-lo e, então, dá uma ordem ao robô para ir até o outro lado da sala e apagar as luzes. Enquanto os seus amigos ficam conversando atrás de você, o ROBÔ dá alguns passos incertos, para, começa a girar... e não faz nada. O que você escreveria na sua crítica? Acredito que você fosse estraçalhar o produto e talvez até culpasse a Sony por colocar no mercado um produto tão primário.

Agora, compare isso ao que o crítico de tecnologia do *New York Times* disse sobre o AIBO e o seu jeito de animal de estimação:

O AIBO nem sempre obedece às ordens que recebe. (...) Essas exibições de "vontade própria" (...) mal se distinguem de um "objeto que não funciona". [Porém, mais à frente no mesmo artigo:] O AIBO é um bichinho impressionante, divertido e uma graça.

Enquanto isso, o *Independent*, de Londres, dizia:

"Volte!", ordenei com firmeza. Mas não adiantou nada. Nos sessenta minutos seguintes, eu viria a descobrir que esse era um robô com um problema sério de vontade própria. (...) [Porém, mais à frente no mesmo artigo:] Quando a bateria descarregou, tive de devolver "Rolo" para um representante da Sony. Mas confesso que me arrependi. Nós estávamos justamente começando a formar um vínculo.

Observe o tom dos resenhistas. Os dois compreendem perfeitamente as falhas do aparelho, mas são calorosos ao aprovar as características divertidas da criatura. A nova moldura de referência — ANIMAL DE ESTIMAÇÃO, em vez de ROBÔ — virou quase uma varinha mágica para operar essa transformação, fazendo com que um produto funcional ficasse divertido, transformando uma série de defeitos do produto ("o sistema de reconhecimento de voz não funciona e o animal raramente obedece às ordens") em benefícios de fato ("é um cachorrinho que tem vontade própria").
E isso é, em resumo, o que as marcas de ruptura são: instrumentos transformadores. Ao nos colocar numa moldura alternativa de referência, elas nos incentivam a abandonar a postura consumista com que tendemos a encarar um produto e a abraçar normas de conduta inteiramente novas.

Num capítulo anterior, fiz referência ao esforço que empresas como a Kimberly-Clark (que produz a Huggies) e a Procter & Gamble (que produz a Pampers) despendem normalmente para tentar fazer a fralda perfeita. O que não falei foi sobre o que torna a competição tão difícil no setor de fraldas é que o ciclo de vida do consumidor é muito curto. A maioria dos pais gosta de tirar as fraldas dos filhos lá pelos 2 anos de idade, em parte porque existe um certo estigma das crianças continuarem a usar fraldas por mais tempo. Historicamente, os fabricantes de fraldas sabem que é quase impossível continuar vendendo fraldas para crianças mais velhas exatamente por isso — a resistência dos pais (para não falar dos próprios filhos) para ampliar o ciclo de vida das fraldas sempre foi muito forte.

Isso deu uma ideia ao pessoal da Kimberly-Clark: por que não criar um produto para crianças mais velhas, que possa ser puxado sobre as pernas como se fosse uma cueca, em vez de ser amarrado ao lado do corpo? O resultado foi a criação da Pull-Up, um produto expressamente desenhado para se afastar da categoria FRALDAS e evocar associações com a categoria alternativa CUECAS PARA BEBÊS CRESCIDOS. Não é preciso nem dizer que a ruptura foi um sucesso. Quase de um dia para o outro, a Pull-Up se tornou a marca que mais cresceu no setor. Aparentemente, muitos dos pais que não aceitavam colocar fraldas nos bebês depois dos 2 anos de idade não tiveram o menor problema em fazê-los usar Pull-Ups até com mais de 4 anos.

O que é interessante nas marcas de ruptura é que elas estão fazendo algo muito básico: sugerem que nós substituamos um arquétipo mental por outro. Elas sabem que somos propensos a rotular os produtos de um determinado jeito, mas também sabem o quanto nossas categorizações podem ser maleáveis, e, assim, elas reinventam o produto de uma maneira que o coloca num lugar muito diferente da nossa atitude padrão. Elas nos apresentam um ROBÔ fazendo o papel de um ANIMAL DE ESTIMAÇÃO. Apresentam uma FRALDA DE BEBÊ reinventada como CUECA PARA BEBÊS CRESCIDOS. Elas nos apresentam exatamente o que nós esperamos, só que com uma definição completamente diferente.

Evidentemente, isso exige uma cooperação enorme da nossa parte. Para que a marca de ruptura atinja o nervo certo, nós temos de "comprar" a recategorização. É por isso que o ingrediente mais crítico de tudo isso é a transparência. As marcas de ruptura querem uma permissão para brincar com o nosso imaginário. Elas sabem que vamos perceber que o AIBO é um ROBÔ e sabem que vamos perceber que a Pull-Up é uma FRALDA. Mas elas contam com a possibilidade de nós querermos ser seus cúmplices nessa ruptura, porque estamos prontos para nos afastar dos nossos antigos padrões de consumo. Nós *queremos* nos afastar desses padrões.

Quando a HBO se apresenta com o slogan "não é televisão", não só está nos comunicando que ela sabe que nós carregamos um conjunto de expectativas (negativas) sobre o conteúdo televisivo, mas também está bancando a possibilidade de estarmos prontos para abrir uma exceção para ela. E, assim, ela está nos dando uma deixa para esperarmos algo diferente.

Talvez a melhor maneira de pensarmos sobre esse tipo de marca seja, então, representá-la como uma espécie de convite. Essas marcas nos convidam a abordar os produtos que elas vendem pela lente de uma definição alternativa. Elas nos pedem para deixar de lado nossos preconceitos sobre um produto em especial e não lidar mais com ele sob o peso das expectativas anteriores. E não fazem isso tentando disfarçar o queijo suíço do exemplo, mas dirigindo a nossa atenção sobre como ele flutua bem no ar.

Um dos livros de ficção mais populares dos últimos anos foi *Água para elefantes*, de Sara Gruen, conhecido pela descrição visceral da vida num circo. Nunca fui pessoalmente a um circo de Barnum & Bailey ou dos Ringling Bros., mas, lendo o livro, fiquei impressionada com o quanto eu conhecia aquele arquétipo. Os elementos icônicos do CIRCO — os palhaços, a tenda, os animais domesticados, o apresentador — haviam se entranhado de tal maneira na minha mente que o cenário do livro me pareceu extremamente familiar. Devo acrescentar que o livro só reforçou minha inclinação de continuar longe dos circos — sempre senti uma aversão a eles, e o livro não contribuiu em nada para que mudasse de opinião.

Por outro lado, há alguns anos levei os meus filhos ao Cirque du Soleil pela primeira vez, e adorei a experiência. Muita coisa já foi escrita sobre o Cirque du Soleil, e eu vi que tudo era verdade: o Cirque du Soleil toma o cuidado de se posicionar como tudo aquilo que um CIRCO *não* é. Eles não usam animais, nem apresentadores, nem o chão é coberto de casca de amendoim. Em vez disso, as apresentações se inspiram fortemente em outras categorias de entretenimento — teatro, ópera e balé. É uma marca da mais absoluta ruptura, e suas primeiras apresentações (uma delas se chamava *Le Cirque Réinventé*, e outra, *Nouvelle Expérience*) escancararam esse posicionamento o máximo possível.

No entanto, isso leva à pergunta: por que, então, o Cirque du Soleil se autointitula um circo? Por que ele simplesmente não se apresenta como uma forma alternativa de ginástica rítmica? A resposta é que o Cirque du Soleil, como tantas outras marcas de ruptura, entende que existe uma certa vantagem rebelde em se posicionar como o jogador *da* categoria disposto a *romper* com os limites.

Há cerca de vinte anos, a rede FOX lançou *Os Simpsons*, um programa que ousadamente se afastava de uma categoria (DESENHO ANIMADO PARA CRIANÇAS), enquanto se associava a outra (SITCOMS PARA ADULTOS). Mas, embora o programa fosse, de muitas maneiras, tudo o que um DESENHO ANIMADO PARA CRIANÇAS tradicional não era — ele era repleto de sátiras cáusticas e críticas culturais irreverentes —, o fato de, mesmo assim, ser um DESENHO ANIMADO era o que dava a vantagem a *Os Simpsons*.

O programa se beneficiava de ser o jogador *da* categoria que ousava *romper* os limites.

Outro exemplo: em 1983, Nicolas Hayek decidiu dar uma sacudida na indústria de relógios suíça lançando um relógio que se desviava dramaticamente do nosso arquétipo mental do que seria um RELÓGIO SUÍÇO. A maioria de nós pensa em relógios suíços como uma expressão da mais refinada joalheria — produtos meticulosamente produzidos, feitos com as joias e os metais mais preciosos. A ideia de Hayek era criar um relógio que alavancasse um arquétipo alternativo para a categoria — o de um ASSESSÓRIO DA MODA DIÁRIA.

O resultado foi a Swatch, marca de ruptura que (até hoje) continua sendo a marca de relógio mais vendida da história. A Swatch foi pioneira em muitas coisas. Foi a primeira a exibir desenhos de pop art extravagantes nos relógios; a primeira a oferecer uma linha de produtos formados por coleções que mudavam a cada temporada, como se fosse uma marca de moda. Foi a primeira a vender relógios em minibutiques e quiosques. Essas táticas de marketing eram comuns na indústria da moda, mas nunca se tinha visto nada igual na indústria de relógios. E, assim, a Swatch se beneficiou de ser a jogadora *da* categoria disposta a *romper* com os limites.

Semanticamente, a palavra "diferenciação" se refere a uma mudança significativa obtida "acrescentando-se novos conceitos aos já existentes". É um processo essencialmente delicado, porque exige que se mantenha o suficiente do conceito original para se permitir uma comparação, mas agregando novidades suficientes para se criar uma legítima diferença. Nesse sentido, pode-se dizer que a diferenciação opera dentro de um continuum — é possível se diferenciar um pouquinho ou se diferenciar muito, dependendo do quanto uma empresa esteja disposta a se afastar do padrão.

Uma marca de ruptura é a que usa o máximo desse afastamento. Ela vai até o limite em seu processo de diferenciação, apegando-se apenas o suficiente para evitar sair totalmente da categoria. É a rebelde dentro da categoria, a que quebra limites. E, assim, ela consegue ser e não ser, ao mesmo tempo.

Num capítulo anterior, apresentei o conceito de borrão da categoria e sustentei que, quando a categoria passa a ser um borrão para nós, passamos a adotar um padrão de consumo que se dirige à categoria como um todo, em vez de em relação às marcas individuais que a compõem. Nós não vemos mais as árvores, só a floresta. Generalizamos CERVEJA como uma bebida para cabeças de vento que gostam de futebol, por exemplo, ou RELÓGIOS SUÍÇOS como conservadores e empolados, ou FRALDAS como sendo um artigo para bebês.

O que as marcas de ruptura fazem é se desviar tanto dos nossos estereótipos a ponto de pôr em dúvida a validade dessas generalizações. Elas são como uma líder de torcida que exige que nós a levemos a sério ao tirar a maquiagem, colocar óculos e entrar para a faculdade de direito; são antiexemplos veementes, que nos obrigam a repensar a natureza dos nossos preconceitos.

Colocando de outra maneira, os preconceitos nos fazem cometer erros porque eles nos dão uma média, quando nós realmente deveríamos estar vendo uma diversidade. As marcas de ruptura nos obrigam a ver a diversidade. E elas fazem isso afastando seu produto a tantos graus do centro que nós começamos a perceber o quanto as nossas pressuposições iniciais eram arrogantes.

Pode-se até dizer que as marcas de ruptura se *deleitam* com os nossos estereótipos, já que elas vivem de virá-los de cabeça para baixo. Nós sonhamos em ter um robô que nos sirva 24 horas por dia, e o que faz uma marca dessas? Ela nos dá um robô que *nós* precisamos servir 24 horas por dia. Sabemos que o único propósito de um relógio é mostrar as horas, e o que elas fazem? Elas nos dão um relógio no qual as horas são só um detalhe. Sabemos que não devemos fazer xixi nas calças, e o que que essas marcas fazem? Elas nos dão calças para fazer xixi.

Essas marcas são a antítese do bom comportamento, e sua rebeldia se dirige frontalmente contra as pressuposições que fazemos quanto à categoria. E, algumas vezes, a transgressão é mais do que provocante; chega a ser um pouco doida.

A armadilha de uma categorização — mesmo aquelas automáticas, a que não se presta muita atenção — é que ela carrega o que há de bom e de ruim em qualquer heurística mental. O motivo de nós termos uma necessidade tão fundamental de categorizar as coisas é que isso pode ser um ativo extremamente funcional. (Como disse Wallace Rickard em *The Onion*: "Estereótipos podem nos poupar muito tempo.") Se eu sei que Splenda é feito de açúcar e tem gosto de açúcar, então fica mais fácil, para mim, tratá-lo como açúcar. Muitas vezes eu não quero pensar mais do que isso.

E, no entanto, essa é mais uma razão para as marcas de ruptura serem tão eficazes: elas não se rebelam contra a nossa tendência a rotular; elas compreendem que temos de saber o que é determinada coisa para saber como responder a ela. Em vez disso, o que elas fazem é nos oferecer uma categoria alternativa, que leva naturalmente ao surgimento de um comportamento alternativo.

Pense, por exemplo, no que aconteceu quando Hayek colocou o Swatch no mercado. A marca fez muito pouco para nos informar sobre o novo produto e como ele deveria ser consumido. E, no entanto, as pessoas que ficaram encantadas com aquela marca começaram a exibir um tipo de comportamento consumista que aquela indústria nunca tinha visto. Os amantes do Swatch não compravam só um relógio; eles compravam muitos, para combinar com as roupas, com o humor ou com o gosto da ocasião. Eles atualizavam as coleções de Swatch com a mesma frequência das roupas. Mesmo aqueles que nunca tinham demonstrado interesse na categoria começaram a comprar relógios Swatch aos montes.

A beleza de uma ruptura, em outras palavras, é que ela nos leva a um lugar conhecido. Nós já sabemos o que são ACESSÓRIOS DE MODA e, portanto, já sabemos o que fazer com eles. Nós já interagimos milhares de vezes com ANIMAIS DE ESTIMAÇÃO, por isso já sabemos como nos relacionar com eles. O simples fato de se reenquadrar alguma coisa — ROBÔS em ANIMAIS DE ESTIMAÇÃO, RELÓGIO SUÍÇO em ACESSÓRIO DE MODA ou FRALDAS em CUECAS — é tudo o que é necessário para se invocar o comportamento correspondente.

Consequentemente, quando nos confrontamos com uma marca de ruptura pela primeira vez, nós "entendemos" o que ela quer dizer. Na mesma hora. Sem precisar nem de um empurrãozinho. Sem precisar de uma reeducação. E isso não é pouco. Na faculdade de administração em que dou aula, uma das coisas que ressaltamos nos cursos de MBA, todos os anos, é o quanto é difícil mudar o comportamento do consumidor, especialmente em categorias maduras em que os padrões de consumo e os estereótipos da categoria estão firmemente arraigados. Mas as marcas de ruptura nos tiram do nosso ritmo de consumo, não criando novos ritmos, mas invocando ritmos que não pensaríamos em usar num determinado contexto.

Nas décadas de 1970 e 1980, uma marca de ruptura chamada Alessi começou a vender utensílios comuns de cozinha como se fossem obras de arte caras e esculturais: espremedores de limão desenhados por Philippe Starck, bules de chá de Michael Graves. E as pessoas entenderam. Na hora. No início da década de 2000, uma marca de ruptura chamada Heelys começou a vender tênis no formato de patins. E as pessoas entenderam. Na hora. Nos anos 1990, a NutriGrain, da Kellogg's, começou a vender cereais em barra. E as pessoas entenderam. Na hora.

Seja fazendo os consumidores comerem os cereais do café da manhã na forma de uma barrinha no meio da tarde, ou fazendo-os combinar os relógios com as roupas que eles usam, as marcas de ruptura não tentam nadar contra a maré. Em vez disso, elas nos redirecionam para uma nova maré, com a qual nós já nos sentimos à vontade, de maneira que tudo o que temos de fazer é seguir a correnteza, sem precisar pensar muito.

Nesse caminho, essas marcas também mudam o que *nós* somos. Pense nisso. O Swatch transformou um exército de pragmáticos e relutantes de uma categoria num exército de fanáticos pela marca. A Kimberly-Clark transformou um bando de crianças prestes a abandonar uma categoria em clientes por mais alguns anos. O Cirque du Soleil transformou a mim, uma relutante nessa categoria, numa entusiasta pela marca. Todas essas marcas romperam padrões, e, ao fazer isso, também permitiram que nós os rompêssemos.

Quando você pega uma coisa conhecida — um ROBÔ, um RELÓGIO SUÍÇO ou um TÊNIS — e mistura com outra coisa, que seja igualmente conhecida — como um ANIMAL DE ESTIMAÇÃO, um ACESSÓRIO DE MODA ou um par de PATINS —, é possível se criar algo que tenha uma cara nova. Essa é a moral das misturebas: a simples simbiose pode criar uma vantagem divina.

Em alguns casos, isso pode se manifestar na forma de uma contradição interna que de alguma maneira consegue forjar uma lógica própria. A primeira vez que eu ouvi um rap com um riff retrô, a música pareceu ao mesmo tempo antiga *e* nova, e a contradição pareceu perfeita. Quando experimentei fazer um blog pessoal, fiquei impressionada com o quanto parecia não ter sentido criar um diário pessoal para consumo público; mas essa inconsistência acabou fazendo sentido. Uma vez comprei um Swatch tão extravagante que mal dava para ver as horas — e esse foi um dos motivos de eu ter gostado tanto dele.

Em outros casos, isso pode manifestar um contraste tão desconcertante que acaba virando uma revelação. Vamos falar sério: quando uma empresa pega uma FRALDA e a mistura com uma CUECA, a nós, como pais, pouco resta além de nos confrontar com a artificialidade dos nossos preconceitos de consumidores. É o mesmo efeito de se encontrar com uma líder de torcida formada em Harvard — o descompasso entre os arquétipos pode incomodar um pouco nosso cérebro, mas também cria uma espécie de excitação.

Essa é outra razão pela qual me sinto atraída pelas marcas de ruptura: elas são um lembrete de até que ponto o casamento entre coisas improváveis — sejam categorias de produto, gêneros musicais ou características de personalidade — pode jogar uma nova luz sobre elas... e sobre nós também.

Uma das ilusões de óptica mais conhecidas de todos os tempos se refere a um desenho que combina duas imagens — uma bela jovem e uma idosa — numa só:

Numa ilusão desse tipo, só é possível ver uma imagem de cada vez; para ver a outra é necessária uma "mudança de percepção", um esforço deliberado para se focar na outra. A primeira vez que vi esse desenho, só consegui enxergar a jovem — por mais que eu tentasse, não conseguia enxergar a idosa —, até que um amigo disse que o segredo era focar no nariz. Eu segui as instruções dele e, na mesma hora, a imagem se transformou e eu pude ver a velhinha.

Estou falando isso porque, na verdade, a maioria dos produtos que nós consumimos diariamente é polimorfa. Eles *podem* ser várias coisas, e o que nós acabamos considerando que eles sejam é resultado de um conjunto muito superficial de convenções históricas. A maioria das bebidas esportivas e muitos sucos de fruta artificiais contêm os mesmos ingredientes básicos, por exemplo, mas as primeiras são consideradas um nutriente sério e os segundos são vistos como uma espécie de bebida doce para crianças. Existem barras de proteína que não são mais nutritivas ou que dão mais energia do que uma guloseima qualquer, mas eu não sei quantas pessoas pensariam em comer uma barra de Snickers dentro de uma academia. Em cada um desses casos, a diferença entre o que se está vendendo e o que se está comprando é mera questão de interpretação.

O AIBO é um ROBÔ ou um ANIMAL DE ESTIMAÇÃO? As Pull-Ups são FRALDAS ou um tipo de CUECA? O Cirque du Soleil é CIRCO ou não é? Em todos esses casos, a resposta depende muito de você estar ou não focando no nariz.

Se existe uma lição a se tirar deste capítulo é que, no mundo dos negócios, os limites das categorias não são nem sacros nem imutáveis. Eles são flexíveis, mutáveis e extremamente maleáveis. Tudo o que é necessário é uma mudança de percepção para se redefinir um produto. Tudo o que é necessário é uma mudança de percepção para se transformar a postura de consumo de um exército de consumidores. Nicolas Hayek, o visionário por trás da marca Swatch, era um estudioso desse tipo de mudança. Assim como Toshitada Doi, o engenheiro por trás do AIBO, e Guy Laliberté, o artista de rua que fundou o Cirque du Soleil. Todas essas pessoas eram como o lendário cineasta Akira Kurosawa, que usou sua obra-prima *Rashomon* para nos lembrar de que uma mesma história pode ter inúmeras fachadas e que, se nós mudarmos a lente um pouquinho para lá ou para cá, a trama pode revelar reviravoltas imprevisíveis.

No fim, essa é a assinatura da marca de ruptura — uma completa desconsideração pelas definições tradicionais de uma categoria. Essas marcas, na verdade, são contestadoras, e, ao contestar nossas ideias de como as coisas *são*, elas acabam revelando o quanto os nossos conceitos são arbitrários.

Eu tenho um colega que diz que todas as estratégias de negócio, mais cedo ou mais tarde, estão fadadas a fracassar. As pessoas sempre riem dessa frase, mas mesmo assim o argumento é válido: no mundo dos negócios, é irreal esperar que uma estratégia vá durar para sempre. O melhor a que uma empresa pode aspirar é uma estratégia que ofereça uma vantagem no longo prazo — não por toda a eternidade, mas a longo prazo.

O que uma estratégia de posicionamento de ruptura oferece é a oportunidade de se atingir um tipo de diferenciação que é sustentável a longo prazo. A Swatch é a marca que mais vendeu relógios em toda a história; ela desfrutou dos benefícios de ser a primeira a se estabelecer durante décadas, antes que os concorrentes conseguissem comer um pouco da sua fatia de mercado. A Kimberly-Clark conseguiu dominar o segmento de Pull-Ups por 15 anos, contados do lançamento do produto. *Os Simpsons* é a sitcom que ficou mais tempo em cartaz na história da televisão. Já o Cirque du Soleil... não tem concorrentes. Continua *sui generis*.

Além disso, essas marcas deixam um tom indelével em suas categorias, mesmo depois que aparecem os imitadores. Aliás, isso é exatamente o que eu digo aos meus alunos: ao testemunhar o nascimento de uma marca de ruptura, vocês, muitas vezes, estarão vendo o nascimento de uma subcategoria inteiramente nova, que provavelmente vai alterar o formato de uma indústria muito mais do que o ciclo de negócios seguinte. A Swatch deu início a uma nova subcategoria na indústria de relógios que hoje está cheia de marcas de acessórios de moda, que vão da Fossil à Coach. *Os Simpsons* deram origem a um novo gênero de televisão, que acabaria incluindo *O rei do pedaço*, *Beavis e Butt-Head* e *South Park*. As Pull-Ups da Kimberly-Clark foram responsáveis pelo surgimento de um novo segmento de calças descartáveis que hoje inclui a Easy Ups, da Procter & Gamble. E assim por diante.

Portanto, era isso o que eu queria dizer quando falei que as marcas de ruptura conseguem transformar suas indústrias. Elas deixam sua marca expandindo as definições de um produto e obrigando os concorrentes a correrem atrás delas por muitos e muitos anos.

A propósito, há alguns anos eu voltei aos laboratórios da Sony. Após a publicação do meu estudo de caso, senti-me, por um lado, triste pela suspensão da experiência do AIBO (aparentemente, por corte de custos), mas, por outro, feliz por saber que os engenheiros por trás do projeto AIBO estavam testando novas tecnologias nos bastidores. A equipe me informou que seu robô mais recente tinha uma forma mais parecida com a de um ser humano, por isso fiquei ansiosa para saber o que eles estavam tramando.

O protótipo que eles me mostraram se chamava QRIO, e o mais surpreendente era o seu tamanho liliputiano — o pequeno robô tinha mais ou menos a altura de um bebê de 2 ou 3 anos. Maravilhoso de se segurar, ele, obviamente, tinha sido dotado de peças de altíssima tecnologia:

No entanto, o pequenino não era muito impressionante do ponto de vista do desempenho. Tropeçava e caía muito, e, às vezes, ainda derrubava as coisas, e ele certamente não se saiu muito bem na hora de "ouvir" as minhas ordens. Mesmo assim, eu me senti estranhamente encantada com ele — a aparência era tão bonitinha e vulnerável que não podia culpá-lo por se "comportar mal". Eu até me peguei sorrindo quando ele me "ignorou" e quis "cuidar dele" quando ele caiu. E foi aí que me ocorreu o quanto aqueles engenheiros eram competentes para, mais uma vez, apertar os meus botões psicológicos.

hostilidade

certo dia de 1971, um jovem diretor de arte chamado Harvey Gabor se sentou para fazer o esboço de uma ideia para um novo comercial de TV. Gabor trabalhava para a McCann Erickson, a agência de propaganda que atendia à Coca-Cola, e o spot que ele imaginou era, a um só tempo, progressista e panglossiano: mostrava uma multidão de pessoas de várias etnias, vestidas com roupas características de diversas nacionalidades, reunidas numa colina nos arredores de Roma, cantando o mais novo *jingle* da Coca:

> *I'd like to teach the world to sing in perfect harmony;*
> *I'd like to buy the world a Coke and keep it company.**

O comercial foi veiculado nos Estados Unidos no verão de 1971 e, em poucos meses, a Coca-Cola já tinha recebido milhares de cartas de pessoas entusiasmadas com o comercial, enquanto a canção subia para o alto da parada musical americana. Com o passar do tempo,

---

* Eu gostaria de fazer o mundo cantar na mais completa harmonia; /Eu gostaria de comprar uma Coca para o mundo e lhe fazer companhia. (*N. do T.*)

o comercial "Hilltop" ganharia um lugar de honra entre os comerciais mais populares da TV americana.

Esse feito foi ainda mais impressionante devido ao contexto: 1971 foi um ano árido e cheio de discórdias nos Estados Unidos. Foi o ano em que o *New York Times* publicou os Papéis do Pentágono, o ano em que os jornais viviam cobertos de reportagens sobre Nixon, o Vietnã e os Panteras Negras. E, no entanto, mesmo com toda essa ebulição social e descrença no país como pano de fundo, a Coca-Cola conseguiu, de alguma maneira, pintar um quadro de união e otimismo. "Gente de todas as idades gostou do anúncio", diria Gabor, há alguns anos, a um jornalista. "As vovozinhas cantavam. As pessoas cantavam no trabalho. E as crianças adoravam."

É claro que, hoje, o anúncio não parece grande coisa — a letra é de uma pieguice sem par, e as imagens, estéreis e malfeitas —, mas isso é só porque a estética da propaganda evoluiu com o passar do tempo. O fato é que a Coca-Cola conseguiu fazer há quarenta anos o que as empresas continuam tentando fazer hoje: envolver suas marcas numa mensagem positiva, que consiga nos atrair em sua direção.

Quando a AT&T faz uma campanha para que nós "estiquemos o braço e toquemos em alguém", ou quando a MasterCard lança uma campanha para ressaltar que o melhor da vida "não tem preço", essas empresas estão, basicamente, desbravando o mesmo terreno emocional que a Coca-Cola conseguiu galgar com tanto sucesso nos anos 1970. A execução criativa pode estar mais refinada, mas a lógica do branding continua com a solidez de sempre: essas marcas querem abraçar o mundo e despertar nossa simpatia. A ideia é diluir nosso cinismo e, em seu lugar, injetar uma aura positiva.

Quando comecei a dar aula de marketing nos cursos de MBA há uns dez anos, impus a mim mesma um desafio pessoal de inspirar meus alunos a pensarem o marketing como a função de hospitalidade de uma empresa. Para isso, eu usava a analogia de uma festa: o profissional de marketing era o anfitrião — o trabalho dele era preparar a lista de convidados, fazer tudo para que as pessoas viessem e, então, cuidar para que elas se divertissem bastante.

Se você tivesse tido aula comigo naquela época, teria aprendido que existiam três alavancas para se conseguir isso. A primeira era o produto propriamente dito — cabia ao profissional de marketing apresentar o produto na melhor luz possível e dar às pessoas um motivo para *querer* aparecer. O segundo era o acesso — cabia ao profissional de marketing distribuir o produto de tal maneira que ninguém tivesse de se esforçar muito para consegui-lo. O terceiro era a comunicação da marca, as mensagens que a envolviam. O "Hilltop" era um exemplo de eficiência porque ligava a Coca-Cola a uma série de valores universais: inclusão social, calor humano e companheirismo. Isso também era responsabilidade do profissional de marketing — envolver a marca com uma vibração irresistível que atraísse as pessoas para o seu território. Em outras palavras, era trabalho do profissional de marketing desenrolar o tapete vermelho e eliminar qualquer barreira que pudesse haver para o consumo, para que os consumidores viessem correndo participar da festa.

O problema com esse conceito do Anfitrião Feliz era que, mesmo enquanto estava dando aula, eu não tinha certeza se acreditava nele. E também nunca achei que os meus alunos acreditassem. Todo ano, eu notava um ceticismo palpável do lado deles, até chegar ao ponto em que, certo semestre, decidi, por livre e espontânea vontade, levar o assunto a debate: digam-me, como esse tipo de marketing funciona na vida *de vocês*?

Deixe-me dizer apenas que a discussão que se seguiu foi extremamente reveladora. Porque ficou claríssimo que os meus alunos eram um bando de desiludidos. E, embora isso não fosse propriamente uma surpresa, o que me surpreendeu foi a ferocidade das respostas deles. Os comentários que fizeram cobriam todo o leque de possibilidades. Alguns alunos falaram como as empresas destruíam sua credibilidade apresentando seus produtos como sendo melhores do que realmente eram, sempre "exagerando o que é bom e maquiando os pontos fracos". Outros falaram da falta de sinceridade endêmica da propaganda, que procurava tocar nos nossos pontos sensíveis de maneira tão descarada — com o único objetivo de vender cartões de crédito, chamadas interurbanas ou refrigerantes.

Desde então, tive várias conversas desse tipo com os meus alunos e, embora as reclamações específicas variem de um ano para o outro, os contornos do debate continuam sendo os mesmos. Se eu pudesse usar os meus alunos como medida, teria de chegar à conclusão de que esse tipo de desilusão não contribui para o exercício da profissão. O comercial da "Hilltop" é um representante daquilo que os meus alunos às vezes chamam de "marketing para fazer alguém se sentir bem", e, hoje, quarenta anos depois, não é exagero algum dizer que esse tipo de marketing está em toda a nossa volta. Nosso dia a dia é saturado de vinhetas de marketing brilhando com emoções artificiais. São mães sorridentes preparando sanduíches com manteiga de amendoim para os filhos. Adolescentes saltitantes comendo hambúrgueres de lanchonete. Parentes provocando uns aos outros pela maneira como eles usam os telefones celulares. E, no entanto, se você ouvisse o que os meus alunos têm a dizer, ficaria com a impressão indelével de que esse tipo de marketing só serve para aumentar ainda mais o cinismo das pessoas em vez de proporcionar um refúgio contra isso.

Muito bem. Alguns anos atrás, fiz uma espécie de brincadeira com a turma e tive uma ideia para uma história em quadrinhos. As tirinhas se chamavam "O Marketing Hostil". Esse tipo de profissional de marketing não dava a mínima para o fato de as pessoas comprarem o produto dele ou não. Ele era belicoso e irascível, sempre pronto para uma briga. Também adorava ser um desmancha-prazer. Se alguém ousasse reclamar, seria prontamente expulso da loja.

A piada foi engraçada, e os meus alunos adoraram, mas sabe o que eles acharam mais divertido? É que, nas tirinhas, o Marketing Hostil era muito bem-sucedido. Apesar de todas as razões que dava para as pessoas se afastarem dele, elas continuavam querendo comprar seus produtos.

Este capítulo é sobre marcas hostis. Elas são marcas que se fazem de difíceis. Em vez de colocar no chão um capacho de boas-vindas, elas põem um monte de pregos. É quase como se os administradores por trás dessas marcas tivessem pego um manual de marketing e colocado a palavra "não" antes de tudo o que o livro mandava fazer. Nesse sentido, as marcas hostis não se colocam no mercado no sentido clássico da expressão; elas praticam o *antimarketing*.

Algumas marcas hostis fazem isso tratando abertamente dos defeitos dos seus produtos. Outras não dão a mínima para a distribuição. Outras, ainda, desprezam campanhas "boazinhas", optando por mensagens que repelem na mesma medida em que atraem. Independentemente da tática usada, as marcas hostis erguem barreiras para o consumo, barreiras que, de muitas maneiras, servem como testes de fidelidade. E, por consequência, criam divisões entre nós, divisões bem grandes, nas quais o consumo daquela marca é uma expressão aberta da nossa lealdade.

Esse é um tipo estranho de sedução, para dizer o mínimo, e eu devo confessar desde o início que este capítulo vai mostrar uma certa ambiguidade de minha parte. Porque, veja só, eu ainda estou tentando decifrar essas marcas. E tenho uma dívida de gratidão com os meus alunos. Ao longo dos anos, mais do que qualquer outra pessoa, eles me ensinaram a contrapsicologia das marcas boazinhas e a contra*contra*psicologia das marcas hostis. E fizeram isso de uma maneira verdadeiramente dialética: para cada "Hilltop" da Coca-Cola que eu empurrava para cima deles, eles vinham com um contra-ataque; para cada campanha "não tem preço" da MasterCard que eu lhes ensinava, eles me respondiam contestando. Como professora, não é algo trivial ver seus alunos se insurgindo contra aquilo que você está tentando lhes ensinar. Quando isso acontece, o melhor é prestar muita atenção. E, assim, depois de vários anos tratando o marketing como o Anfitrião Feliz de uma empresa, agora eu me vejo esposando a tese de que esse tipo de marketing não só corre o risco de perder sua força, mas também sua plausibilidade.

O que aprendi com os meus alunos foi que as marcas pelas quais eles são mais apaixonados são aquelas que não levam desaforo para casa — aquelas que não têm medo de arrancar um preço significativo de nós, e que não se incomodam de enxotar milhares de pessoas. Essas marcas não deixam por menos, nem fazem contorcionismos para ficar numa boa com o povão. Numa era em que nós fomos levados a acreditar que o cliente tem sempre razão, isso pode parecer de uma arrogância sem par, mas o que os meus alunos vão lhe dizer é que isso também dá muito certo.

Por esse motivo, apesar de eu ser um tanto ambígua quanto a essas marcas, não preciso mais me convencer do enorme significado que elas podem ter e o quanto isso também é animador. Para falar a verdade, quando levei o Marketing Hostil à sala de aula, foi uma espécie de concessão. Porque o que eu realmente estava dizendo aos meus alunos era que eu estava começando a entendê-los. Continuo sem saber se já entendi tudo, mas acredito que as marcas hostis descobriram algo interessante.

Muito bem, vamos começar por aqui.

Imagine-se no ano de 2002. Você é um experiente gerente de marcas que recebeu como tarefa um desafio considerável: lançar uma nova marca de automóvel nos Estados Unidos. Dizer que o lançamento vai enfrentar alguns sobressaltos é pegar leve demais. Em primeiro lugar, existe a questão do conhecimento da marca. Apesar de ela desfrutar de um reconhecimento bastante grande na Europa, a marca é praticamente desconhecida do lado de cá do Atlântico. Menos de 2% das pessoas já ouviram falar, de acordo com as pesquisas. Em segundo lugar, vem a questão do dinheiro. Seu orçamento são meros 25 milhões de dólares, uma ninharia perto das centenas de milhões de dólares que as marcas mais estabelecidas despejam em propaganda, sem pestanejar. E, finalmente, ainda tem o próprio carro. O maior obstáculo é o tamanho dele: quando for lançado, ele vai ser o menor carro no mercado americano, com no mínimo 60cm a menos do que um compacto comum.

E, enquanto isso, os americanos estão no meio de uma paixão pelos carros grandes. Isso é algo que você sabe. Não custa nada repetir: o ano é 2002. É só olhar em volta, e tudo o que se vê são pessoas comprando carros enormes, bebedores de gasolina, utilitários esportivos, 4 x 4, furgões. O tamanho diminuto da sua caixinha de fósforos, sem sombra de dúvida, vai ser um problema.

Até você tem de confessar que parece um horror ter de se apertar dentro daquela casca de noz, e o porta-malas é pequeno até para umas duas caixas de cerveja. O seu estômago se revira só de pensar em como os consumidores vão desprezar o carro, sem dar ao menos uma chance a ele, só porque ele *parece* pequeno demais para qualquer utilidade prática.

E isso, a seu ver, é extremamente injusto. O seu trabalho é não deixar isso acontecer. E assim você faz uma lista de opções.

A primeira seria desenvolver uma campanha que aproveite para destruir alguns mitos, que se oponha à percepção de que o carro é pequeno demais para ter algum conforto. Sua pesquisa mostra que o interior surpreendentemente espaçoso sempre impressiona os passageiros de primeira viagem, assim como a quantidade de bagagem que pode ser transportada no porta-malas. Pode dar certo, você pensa — uma campanha que convença os americanos de que o carro é *maior* do que parece. Uma segunda opção seria ignorar totalmente a questão do tamanho e varrê-la para debaixo do... hum... asfalto. O automóvel tem uma série de bons atributos — é muito bom de se dirigir e tem um preço acessível. E também é exótico, com um design exclusivo de "buldogue" que se sobrepõe ao pedigree europeu.

Você flerta com essas duas opções, mas, no fim das contas, acha que nenhuma delas vai acabar lhe servindo. Não que as ideias sejam ruins, mas elas aborrecem. Você já fez tudo isso e já passou por isso antes. E acaba tendo de procurar outra abordagem.

Em 2002, os americanos foram apresentados a uma nova marca de automóvel. O carro era a MINI Cooper — um veículo que chamou a atenção por suas campanhas de marketing, uma das mais despudoradas dos últimos tempos. O mais impressionante foi como a campanha lidou com a questão do tamanho: ela, literalmente, entrou de sola com o tamanho minúsculo do carro, transformando o tamanho no tema de abertura da apresentação da marca.

Ainda me lembro do primeiro outdoor que vi de uma MINI Cooper. Eu já tinha ouvido falar do zunzunzum que a nova marca estava causando e, embora achasse o carro simpático de maneira meio retrô, também achava que o MINI seria muito difícil de se vender. E, assim, naquele dia de 2002, quando eu estava indo trabalhar, a visão daquele primeiro outdoor me fez gelar. Só dizia o seguinte:

XXL XL L M S MINI

A mensagem era extremamente ousada. Era quase como se a marca estivesse me dizendo: "Você está preocupada por este carro ser pequeno demais? Pois muito bem. Ele é *menor* do que você imagina." Não consegui acreditar no quanto aquilo era um tapa na cara. Não demorou muito e vi outro anúncio em que a agência havia colocado uma MINI em cima de um utilitário esportivo, mais uma vez querendo dizer: "Você tem medo de que este carro pareça pequeno ao lado de um utilitário? Pois então dê só uma olhada *nisso*."

Sendo uma pessoa que passou a vida estudando marketing, eu achei a mensagem de uma rebeldia incrível. Afinal de contas, marqueteiros são treinados para falar coisas boas de seus produtos. Isso significa que, quando uma pesquisa de mercado mostra que os consumidores têm certas reservas quanto a algum aspecto negativo, os profissionais de marketing são treinados para responder a essas ressalvas com garantias de que o produto é bom. Ou dirigir a atenção para outras características, mais positivas.

Nesse contexto, a campanha da MINI Cooper parecia destruir a cautela comum que envolveria um negócio como esse. Eu aposto que, em 2002, havia uma série de consumidores naquela faixa limítrofe que, como eu, achavam o carro simpático, mas tinham suas restrições quanto às suas dimensões minúsculas. Com isso, o que a campanha tinha de radical era que ela não só deixava de apaziguar nossos temores, como também aumentava ainda mais nossa tensão sobre eles.

É isso, para ser bem clara, o que fazem as marcas hostis: elas se recusam a entrar no jogo da persuasão à moda antiga. Elas dizem aquilo que as outras marcas não dizem, aquilo que pode muito bem ser o risco de nos assustar. Imagino que se possa pensar nessa abordagem como uma espécie de psicologia reversa, mas isso ainda não chega ao âmago da questão. Quando Tom Sawyer se recusou a deixar que seus amigos pintassem a cerca, ele estava tentando fazer com que o trabalho de pintar fosse algo mais atraente do que realmente era. Não é isso o que acontece aqui. As marcas hostis nos apresentam seu produto, com todos os seus defeitos, e se nós não gostarmos, *azar*.

E, no entanto, elas fazem isso de maneira vívida. Ao dirigir até o trabalho naquele dia, ocorreu-me o quanto era raro encontrar uma propaganda que fosse de uma franqueza tão contundente. Mais tarde percebi que a campanha de apresentação da MINI, "Let's Motor", continha outros subtextos: a força conjunta dessas promoções totalmente heterodoxas da marca gerava um repúdio incrivelmente vigoroso da cultura de carros grandes que era tão presente naquela época. Essa também é uma característica das marcas hostis: elas costumam ser de uma franqueza animadora, um verdadeiro desafio aberto para nós, com uma mensagem certeira que não permite desvios.

O impacto psicológico de uma coisa dessas pode ser assustador. Quando um profissional de marketing nos apresenta um produto que é fácil de se gostar, a apresentação tende a nos tocar como uma pluma passando numa roupa de seda. Mas a tração requer atrito, e o que as marcas hostis nos dão é a fricção. E elas fazem isso sem diminuir os aspectos mais polêmicos do produto, e sim aumentando-os. Elas entendem que existe certa vitalidade cinética que só pode surgir com a discordância psicológica. Portanto, o que as marcas hostis fazem é aumentar essa discrepância.

Um dos casos que eu mais gosto de utilizar para deixar isso ainda mais claro é o da colocação do energético

Red Bull no mercado, uma história de ousadia empreendedora das maiores de que se tem notícia. Geralmente faço um pequeno teste de degustação na sala de aula quando dou esse caso, escolhendo como cobaia alguém que nunca tenha tomado Red Bull na vida. Teve um ano em que um aluno chegou a cuspir a bebida, de tão ruim que ela era.

O que é intrigante na história do Red Bull é que, quando Dietrich Mateschitz, o ousado empresário austríaco que fez o produto se tornar uma marca global, estava se preparando para lançar seu produto na Europa, ele encomendou uma série de testes de mercado, para ter uma ideia de como os consumidores reagiriam ao gosto daquela bebida estranha. De acordo com os resultados iniciais da pesquisa, "a cor muito ralinha da bebida era totalmente anódina, e o gosto e a sensação pegajosa que ficavam na boca foram consideradas 'nojentos'". Veredicto da empresa de pesquisa: "nunca um produto fracassou de maneira tão retumbante." E como foi que Mateschitz respondeu a esse laudo? Ele disse: "Ótimo!"

Nessa mesma linha, existe uma marca muito comum nos supermercados ingleses chamada Marmite. O Marmite é um alimento pastoso marrom que tem um gosto "adquirido", por assim dizer. O slogan da marca é "Ame ou odeie", e um dos mais recentes comerciais de televisão mostrava um monte de Marmite aterrorizando uma cidade inglesa e um bebê disparando um jato de vômito na mãe, depois de ela comer um Marmite enquanto o amamenta.

O que você está vendo nesses dois casos é uma contundência que ultrapassa todos os limites do extraordinário. As marcas hostis dizem exatamente o que nós vamos ter pela frente e, se nós não gostarmos, elas vão ser as primeiras a nos levar até a porta. É por isso que eu geralmente uso a expressão antimarketing para descrevê-las. Elas se recusam a se prostituir, se recusam a se rebaixar e se recusam até mesmo a pensar na possibilidade de modificar o produto para aparar algumas arestas.

Quando a popularidade do Red Bull começou a disparar nos bares e nas boates do mundo, seus consumidores passaram a dar apelidos para a bebida do tipo "cocaína líquida", "*speed* em lata" ou "Viagra líquido" para descrever o tipo de energia que aquela fórmula induzia; e também começaram a espalhar o boato de que a bebida era feita com testículos de touro. Isso levou alguns consumidores mais preocupados a organizar um boicote ao Red Bull, devido a possíveis efeitos colaterais na saúde. Mas, em vez de aplacar esses boatos ou até mesmo atenuar as apreensões dos consumidores, a empresa se manteve firme em seu curso, nunca se desviando de uma estratégia de marketing alternativo que confiava fortemente na propaganda irrestrita do boca a boca para despertar o interesse das pessoas. A atitude da empresa foi: Se beber Red Bull deixa você nervoso, então NÃO BEBA.

Como eu já disse, não existem muitos exemplos de empresas que tenham uma abordagem tão inflexível. Ser tão radical assim exige um compromisso de *não* responder às preocupações dos consumidores, e ser *intransigente* diante do retorno que o mercado está dando. E, no entanto, a recompensa desse grau de inflexibilidade é um posicionamento de mercado extremamente desigual e o menos adulterado possível. A recompensa, em resumo, é uma marca extremamente diferenciada.

A propósito: se você buscar no Google as palavras "Birkenstocks" e "ugly" (feio), receberá milhares de respostas. E, se você ouvir Margot Fraser, a encarregada de levar a marca para os Estados Unidos, falar dos primeiros tempos da empresa, apreciará seu alegre relato de como alguns varejistas inicialmente se recusaram a ter aqueles sapatos em estoque, de tão horrorosos que eles eram. Mas enquanto a resposta natural de muitas empresas nessa mesma situação seria pensar em refazer o sapato para que ele fosse confortável *e* atraente ao mesmo tempo, a Birkenstock jamais cogitou essa ideia, pois acreditava que uma ação desse tipo acabaria enfraquecendo a marca, deixando-a tão neutra como inúmeras outras que ofereciam sapatos sem dizer coisa alguma. A Birkenstock passa uma mensagem. Esse é o prêmio pela teimosia. A feiura do sapato é uma afirmação, que a marca veste com orgulho.

Algo interessante acontece conosco quando uma marca nos afronta de maneira tão inflexível.

As marcas que não geram polêmica são fáceis de serem consumidas. Elas não cobram nada de nós e não passam mensagens fortes; consumi-las é a maneira de nos misturarmos à multidão. Ninguém vai erguer uma sobrancelha se a gente chegar ao trabalho dirigindo um carro igual ao de todo mundo, ou de usar as mesmas sandálias que todos estão usando. Uma boa maneira de se ficar invisível é evitar tomar decisões de consumo que chamem muito a atenção.

Mas quando uma marca traça um limite na areia — um limite que nós sabemos que nem todo mundo vai ter coragem de atravessar —, ela também nos obriga a pensar duas vezes ao transpor aquele limiar. Nesse ponto, o ato do consumo passa a ser menos banal; estar ligado àquela marca passa a ter um significado maior. Usar sapatos Birkenstock, dirigir uma MINI ou insistir em beber Red Bull passa a revelar um pouco mais do que nós somos do que ficar escolhendo sempre as mesmas coisas. Marcas hostis são marcas que fazem algum tipo de declaração, são marcas de identidade e, intuitivamente, nós sabemos disso.

Mais do que isso: com o tempo, uma série de associações periféricas começa a se acumular em volta dessas marcas, de tal maneira que elas passam a receber uma quantidade enorme de significados. Hoje, marcas como a Birkenstock, a MINI e o Red Bull sugerem a existência de seitas sociais, seja de naturebas que gostam de mascar granola, ou de iconoclastas entusiasmados que adoram carros pequenos, ou frequentadores de boates. É por isso que o consumo dessas marcas é tão carregado: enquanto as marcas convencionais ajudam a nos esconder, as marcas hostis nos obrigam a mostrar nossas cores.

Essas marcas não são apenas polarizadoras. Elas chegam a *incitar* uma resistência. O que vale dizer que elas geram amizades — de amigos leais e apaixonados —, mas que cultivam inimizades com a mesma força, inimigos que elas recebem de peito aberto. Quando a MINI veicula um comercial que diz "a resposta aos utilitários começa aqui", o efeito é, sem dúvida, de rebeldia. Basicamente, o que a marca está dizendo é que ela está pronta para a briga.

A Marmite divide o seu site em duas seções: uma para quem ama o produto e outra para quem odeia — e recebe de bom grado a participação de ambos os lados. Existem pessoas que usam sapatos Birkenstock e existem aquelas que fazem troça de quem usa Birkenstock; a empresa sabe disso e chancela esse comportamento. Numa entrevista recente ao *New York Times*, o gerente de marca da Birkenstock colocou da seguinte maneira: "O ponto forte da marca é sua capacidade de despertar tanto reações positivas quanto negativas. Isso demonstra a relevância cultural da marca. E eu quero ser parte disso. Não quero mudar nada."

E é isso o que as marcas hostis fazem: elas prosperam dentro das possibilidades dramáticas oferecidas pela polarização. Elas alimentam os atritos. E ainda que seja verdade que as marcas de luxo fizeram isso por dezenas de anos — criando fissuras sociais dentro da prosaica dimensão da riqueza —, as marcas hostis nos distinguem por meio das várias posturas que adotamos — posturas que não têm nada a ver com algo tão banal quanto uma conta bancária. As marcas hostis prosperam sobre um caleidoscópio mais amplo de divisões.

Se você passar um tempo no Japão — um país com uma sobriedade interna que, aliás, é muito maior do que a sua pujança econômica —, existe boa chance de que acabe conhecendo uma marca de roupas casuais chamada A Bathing Ape, ou BAPE. Criada em 1993 como uma marca para jovens com temas tirados do filme original *O Planeta dos Macacos*, A Bathing Ape é uma expressão japonesa que significa "banhar-se em água morna".

Há várias maneiras de se descrever A Bathing Ape, mas talvez a melhor de todas seja ser o mais indelicada possível. A Bathing Ape é uma marca que nasceu para incomodar. Ela se dedica a um tipo de antimarketing que parte da premissa central de que nada deve ser fácil para os seus clientes, que conveniência é para os fracos.

Eu não estou brincando. Todo produto lançado pela BAPE é de edição limitada, o que significa que se você vir alguém usando uma camisa de A Bathing Ape de que gosta, então ela já não está mais em estoque. As lojas da BAPE se localizam em vielas que são intencionalmente difíceis de encontrar, e elas geralmente não têm sequer um letreiro para indicar que você chegou ao lugar certo. A maioria das lojas da BAPE tem a política de permitir que os clientes só comprem uma única unidade de cada produto, e tem de ser do tamanho exato do consumidor. Até o site da BAPE é uma aula de inconveniência: os visitantes não conseguem acessá-lo a não ser que façam primeiro um download e executem um arquivo específico. E, no entanto, apesar de toda essa belicosidade, existem poucos jovens no Japão que nunca tenham ouvido falar ou procurado essa marca. A BAPE é o Marketing Hostil que de repente apareceu numa moda urbana que foge dos holofotes.

Agora, se você pensar bem, a psicologia que está em ação aqui não é muito misteriosa. A escassez estimula a demanda — todo mundo sabe disso. Se você visitar uma loja da Sotheby's um dia desses, vai encontrar gente de todo tipo pagando quantias exorbitantes por coisas que só têm algum valor pelo fato de serem as únicas peças do gênero. A raridade tem um toque especial, talvez até certa mística, e, no mundo dos negócios, isso geralmente é um fator positivo. No entanto, isso também traz os seus riscos. Porque existe uma segunda coisa que a escassez fomenta. Ela faz com que os proprietários tenham de fazer um esforço. E quando as coisas exigem esforço, os clientes vivenciam esse esforço como uma dor de cabeça cavalar.

Um dos episódios mais memoráveis dos nove anos da série *Seinfeld* foi um programa chamado "The Soup Nazi" (O Nazista da Sopa). No episódio, que aparentemente se baseou na história real do dono de uma loja que vende sopa em Nova York, Jerry e sua turma vão experimentar um novo e popular quiosque de sopas do outro lado da cidade. O lugar serve uma sopa deliciosa, mas existe um porém: o dono do lugar (o Nazista da Sopa) tem a fama de pôr os clientes a pontapés de sua loja se eles não obedecerem às suas regras estritas de fazer fila, pedir e pagar pelas sopas. Até mesmo o menor dos desvios é o suficiente para ele passar um pito em altos brados, dizendo "Você não vai tomar a minha sopa!", seguido pela expulsão da loja.

Ser fã de uma marca hostil — seja do Nazista da Sopa ou de A Bathing Ape — significa entender que você pode até ser cliente, mas nunca vai chegar a ser rei. Em vez disso, marcas hostis nos presenteiam com uma série de obstáculos, que podem ir desde o tamanho do carro, o jeitão pouco atraente de um sapato ou a dificuldade de acesso a uma loja. Pouco importa. Para ter um pouco daquela marca, nós precisamos pagar uma espécie de imposto de propriedade. Temos de passar pela fila da sopa. Trata-se de marcas de luxo diferentes das meramente caras, nas quais o valor de ser proprietário vem em função do preço simbólico que se paga.

Anteriormente, fiz menção à ambivalência que sinto em relação às marcas hostis. Em certo sentido, essa sensação ambígua já é mesmo esperada. Marcas hostis têm a intenção de despertar paixões contraditórias. Elas vivem da mistura de amor e ódio.

Alguns fins de semana atrás, fui fazer compras com Laura, uma amiga minha. Laura tem três filhos, sendo duas meninas com 12 e 17 anos de idade e, como vim a saber no nosso passeio, as duas são apaixonadas pelas roupas da Hollister. Se você não conhece essa marca, então devia falar com Laura. Ela realmente tem muitas reclamações a respeito do lugar. Como Laura comentou comigo naquela tarde de sábado: "Eu não acho que eles queiram ver os pais lá dentro."

Essa é uma atitude mais premeditada do que Laura imagina. A Hollister *realmente* não quer que os pais entrem lá, o que significa que, se você por acaso já passou dos 20, a loja toda foi feita para fazer você se sentir um E.T. O lugar parece um barracão de praia; a iluminação é mínima, a música vai às alturas e as paredes são decoradas com adolescentes fazendo poses provocantes. Mas ainda tem mais. A empresa não faz segredo algum de que você não tem nada para fazer lá se não for um adolescente que não se encaixe no "perfil da Hollister". Veja bem: a Hollister, assim como a cadeia-irmã Abercrombie & Fitch, deliberadamente descarta garotos e garotas que não se encaixem na definição do que a empresa chama de atraente, ou seja, para ela é obrigatório ser magrelinho (especificamente, os garotos têm de caber em roupas tamanho 34 a 42 — com base numa tabela que é deliberadamente de um tamanho menor que o normal). Todo adolescente sabe disso. Se você está no ensino médio, ou você é alguém digno de vestir uma roupa da Hollister ou não é.

A ideia de uma loja de roupas que faz algumas garotas se sentirem bonitas à custa de outras se sentirem feias é inquietante, para dizer o mínimo. Por esse e outros motivos que não vou discutir aqui, a Hollister é uma marca hostil que me incomoda até os ossos, do mesmo jeito que incomoda Laura. Existem poucas coisas mais antipáticas do que deparar com uma marca que representa valores que você abomina.

E, portanto, esse é o motivo da minha ambiguidade em relação a essas marcas. Para cada uma que me instiga, vem outra que me faz passar mal. Ou, para ser mais direta, o problema das marcas hostis é que eu não consigo distinguir quais são.

E, contudo, aqui vem mais uma história, dessa vez do outro lado.

Há não muito tempo, meu filho caçula passou por uma fase em que começou a vestir todas as camisas pelo avesso. Era uma coisa estranhíssima: aquele molequinho do primeiro ano, que nunca tinha mostrado o menor interesse por roupas, se levantava, tirava uma camisa da gaveta, virava pelo avesso e a vestia. Quando eu perguntava a ele a razão daquilo, ele simplesmente sorria e me dizia que era o que ele tinha vontade de fazer. O irmão o provocava sutilmente à mesa do café da manhã: "As pessoas vão achar que você é bem doidinho..." Ao que ele respondia: "Mas é assim que eu gosto."

Quando nós nos vemos cercados de conformismo, de mesmice, procuramos maneiras de criar alguma espécie de divisão. Para nos destacar, mesmo que só um pouco. Foi a conclusão a que cheguei ao ver meu filho sair nessa fase excêntrica da vida dele. Nós vivemos numa cultura em que não existem muitas maneiras de compartilharmos a nossa vida interior com os outros, seja na rua, no metrô ou numa loja.

O que as marcas hostis têm em comum entre si — independentemente do tipo que sejam — é que elas se diferenciam de maneira estridente, veemente, para o bem ou para o mal. O que isso significa é que elas *nos* dão uma chance de nos diferenciar, para o bem ou para o mal. São como tatuagens temporárias, que se grudam à nossa identidade pública, permitindo que nos revelemos aos outros, mesmo que só um pouquinho, enquanto passamos pelas pessoas. E, se elas não existissem, nós provavelmente *precisaríamos* que elas fossem inventadas. Todos nós procuraríamos uma maneira de virar nossas camisas pelo avesso.

Mas isso tem um custo. E é o custo de se viver numa sociedade na qual o consenso não é obrigatório. Você tem de estar disposto a conviver com pessoas que constroem o mundo delas de maneira diferente da sua. Isso quer dizer que vai haver adolescentes que usam Hollister e adolescentes que usam Birkenstocks; vai ter gente dirigindo MINIs e gente dirigindo Hummers; vai ter gente que gosta do programa da Oprah e gente que gosta de escutar Howard Stern no rádio.

Isso, no entanto, não chega a ser algo ruim. Quando reina a absoluta unanimidade, não resta muito sobre o que conversar. As marcas hostis tiram sua energia das polêmicas culturais e, consequentemente, são capazes de gerar uma espécie de discurso social. A polêmica nem sempre vai ser agradável, mas eu, particularmente, prefiro habitar um espaço em que a temperatura às vezes aumente e esfrie do que em um em que o ar-condicionado o mantenha sempre igual.

Devo acrescentar que, além de criar divisões, as marcas hostis também criam um tipo mágico de solidariedade. Eu me lembro de um dia ter descido para tomar o café da manhã com a camisa pelo avesso. E o meu caçula achou isso tão engraçado... era como se nós tivéssemos o nosso próprio clubinho naquela manhã. Quando a minha melhor amiga morava em Boston, ela, às vezes, vestia corajosamente um boné do Yankees no meio da torcida do Red Sox, ignorando todas as vaias que lhe eram destinadas. Mas se ela topasse com algum torcedor do Yankees, era como se estivesse encontrando uma velha amiga. Os pontos em comum são sempre aumentados quando surgem num contexto em que as pessoas se sentem uma minoria; qualquer um que já tenha corrido o mundo vai lhe dizer o que é isso. Nesse viés, nós, às vezes, nem percebemos com que frequência as marcas hostis servem como uma espécie de lubrificante social, intermediando nossas lealdades de maneira a criar uma união instantânea.

Dizem que os donos de MINI Coopers costumam se cumprimentar uns aos outros quando passam com seus carros na rua. Ouvi dizer que existem mais de quinhentos grupos que defendem a Marmite no Facebook. Sempre vai haver empresas que vendem para a massa e empresas que vendem para nichos. As marcas hostis se encontram no segundo caso, dividindo-nos culturalmente, mas nos unindo num nível subcultural. E, assim, embora possamos ver que as relações que temos com essas marcas se equilibram sobre um sustentáculo muito pessoal — marcas hostis que amamos de um lado, e marcas hostis que detestamos do outro —, não podemos garantir que preferiríamos que isso fosse diferente.

Tem mais uma história de hostilidade que eu gostaria de compartilhar, que leva a discussão sobre marcas ao nosso ponto de partida. É a história da Benetton, uma marca italiana que vende roupas básicas e coloridas — moletons, camisas polo, calças jeans. Uma espécie de Gap com um estilo italiano. A história começa em meados dos anos 1980 e início dos anos 1990, quando a Benetton se lançou numa série de experiências de publicidade que, literalmente, causaram uma tempestade no mundo da propaganda.

A primeira campanha desse gênero foi veiculada em 1984. Sob o título "Todas as Cores do Mundo", ela mostrava adolescentes de diversos países vestidos com as cores da Benetton — mais ou menos nos mesmos moldes do anúncio da Coca-Cola na colina (Hilltop), o anúncio, na verdade, era mais uma campanha destinada a fazer as pessoas se sentirem felizes ao usarem uma roupa da Benetton. Contudo, pouco depois, a campanha deu uma guinada quase herética, tornando-se um reflexo maior do que aquilo a que o fundador da empresa, Luciano Benetton, se referia como a "alma" da grife. Sob a direção do fotógrafo Oliviero Toscani e levando o slogan "The United Colors of Benetton", os anúncios de mídia impressa da empresa começaram a mostrar imagens contundentes, que não tinham absolutamente nada a ver com o que a empresa vendia concretamente.

Você é capaz de se lembrar de alguns desses anúncios: um homem negro e um branco algemados juntos. Uma série de camisinhas coloridas. Um bebê recém-nascido chorando e ainda preso ao cordão umbilical. A isso se seguiu uma série de fotos da vida real tiradas de acontecimentos quotidianos. Um carro-bomba que explodiu. Um soldado segurando um osso humano. Um paciente de Aids em seu leito de morte. Uma cadeira elétrica vazia numa prisão americana. Segundo a empresa, todas essas imagens foram feitas para reforçar os valores da marca Benetton: conscientização social, indignação moral e despertar da consciência política.

Não preciso nem dizer que a campanha deu origem a um debate furioso. Críticos como Bob Garfield, num artigo na *Advertising Age*, chamaram os anúncios de apelativos, um golpe de publicidade, que queria "despertar o horror nas pessoas, para vender camisetas caras a uns poucos felizardos". Esse tipo de crítica era bastante revelador. Não é que a campanha estivesse usando imagens que não tivessem nada a ver com os produtos da Benetton — as empresas adotam esse tipo de branding abstrato o tempo todo. O problema era que os temas que a empresa decidira explorar às vezes embrulhavam o estômago. Eles dividiam as pessoas mais do que incluíam. Eram mais ofensivos que zelosos. Despertavam vaias, em vez de gargalhadas.

E, no entanto, é exatamente por isso que, para mim, a Benetton é uma participante de destaque nos anais do marketing: ela foi uma das primeiras marcas globais a virar a lógica do branding tradicional de cabeça para baixo. Já lhe ocorreu que não existe nenhuma regra que diga que as únicas emoções que as marcas têm o direito de despertar são as mais suaves? Não existe nenhuma regra que diga que as marcas devam se afastar da agitação cultural. Não existe nenhuma regra que proíba as marcas de terem um viés político. Mas, como consumidores, nós ficamos tão acostumamos a ver as marcas serem mostradas através de um conjunto de imagens artificiais e mensagens adocicadas que, na hora em que deparamos com uma marca que não canta o mesmo mantra de positividade sem limites, não sabemos o que fazer com ela. A questão não é se a campanha da Benetton era uma exploração, mas se ela explorava mais do que as inúmeras campanhas de marketing "bonzinho" com as quais nos defrontamos diariamente.

Posso afirmar que ainda não tenho certeza absoluta de como me sinto em relação a essa campanha, mas eu sei que, na primeira vez que a vi, há muitos anos, soube na hora que um dia ia querer dar uma aula sobre ela. Porque, na pior das hipóteses, a campanha me fez pensar na Benetton sob uma nova luz. E também me fez parar para refletir um pouco. E é muito difícil que uma marca consiga fazer isso comigo, portanto, só por esse motivo, ela já superou muitas outras campanhas.

O branding percorreu um longo caminho desde o sorriso da Coca-Cola. Antigamente, as marcas que mereciam ser estudadas eram aquelas que nos faziam sentir bem, aquelas que nos recebiam convenientemente de braços abertos. Algumas dessas marcas eram de empresas enormes, que vendiam para o grosso da população, enquanto algumas eram menores e mais dedicadas a um nicho. Mas o que elas tinham em comum era o fato de abraçarem aquilo que o antropólogo Grant McCracken tão bem chamou de marketing de menestrel — o menestrel que procurava agradar o máximo possível.

Hoje, quando me vejo diante desse tipo de branding minha reação não é muito diferente da dos meus alunos. Exibe-se muito e, ao mesmo tempo, muito pouco. Num ambiente de marketing saturado de promessas exageradas e uma realidade falsa e sem sombreados, nada fica na memória por muito tempo.

Enquanto isso, as marcas às quais presto cada vez mais atenção não têm medo de provocar um conjunto de reações mais complexo. São marcas que não temem fincar uma estaca no chão e nos obrigar a fazer fila de um lado ou do outro. Um aluno meu um dia comentou que o antimarketing pode se tornar exatamente o antídoto para pessoas cansadas de receber mensagens exatamente iguais, da maneira tradicional. E acho que ele está certo. Nós experimentamos essas marcas com uma espécie de transtorno bipolar, mas isso é só porque atribuímos esse tipo de significado a elas. Essas marcas geram calor, dissonâncias e debates. Essas marcas *penetram*.

diferença

ultimamente, andei pensando que chega um momento na vida em que você começa a ver que a sua formação fechou um ciclo. É aquele ponto em que, quando você olha nos olhos dos seus pais idosos, pode literalmente ver que o pêndulo da relação mudou de direção, voltando para você com uma força que jamais havia esperado. É aquela hora em que você começa a perceber que ser o filho dos seus pais não será mais sinônimo de ser protegido, e sim de protegê-los. Acredito que eu não seja a única a achar que essa é uma passagem difícil de se transpor. Cuidar de alguém novinho é fácil. As recompensas estão no aqui e no agora, e você vai sentindo o gosto à medida que vai avançando. Mas, para cuidar de alguém idoso, você precisa escavar memórias profundas para sustentá-lo.

O que torna tudo ainda mais difícil é que esse novo momento de responsabilidade deixa pouco espaço para uma adaptação prazerosa. Você não pode relaxar e assumir o novo papel, pois simplesmente é jogado nessa torrente, e a carga emocional de todo esse transtorno pode jogá-lo para fora do seu centro.

É por isso que é tão tocante conhecer filhos que, quando chega esse momento, abraçam suas responsabilidades com uma compaixão sem reservas. Quando vejo isso acontecer, minha admiração flui em duas direções: para os filhos adultos, que de alguma maneira encontraram dentro de si um jeito de fechar esse círculo com tanta graça e fluidez; mas também para os pais idosos, que dedicaram a vida a fornecer as memórias que se tornaram um sustentáculo tão importante para os seus filhos.

Florie tem 79 anos e é avó de quatro netos, uma matriarca elegante com uma pele tão branca e lisa que chega a ser quase transparente. Eu adoro Florie. Ela é o tipo de pessoa que toca no seu braço quando quer contar uma história engraçada para você, ou põe a mão no seu rosto na hora de se despedir. Há não muito tempo, o filho e a filha de Florie tomaram a decisão de mudá-la para um novo apartamento. Veja bem, o corpo da Florie ficou mais frágil nos últimos anos, e eles queriam transferi-la para um lugar bem perto da casa deles.

Florie ficou um pouco abalada com a perspectiva de uma mudança — ela adorava seu velho lar e se sentia protegida lá dentro — e, para atenuar o trauma, os filhos decidiram fazer a transição de uma maneira a causar o mínimo de transtorno possível. No caso, isso significava transportar as coisas dela de tal modo que o novo lar de Florie seria uma réplica quase perfeita da velha casa. Para falar a verdade, achei que eles estavam um pouquinho malucos ao tentar fazer esse tipo de recriação, mas eles estavam tão determinados que fosse assim que, depois de uma semana frenética de medir-empacotarmudar-e-desempacotar-tudo, posso garantir que eles conseguiram.

O resultado foi impressionante. Quando Florie entrou na casa nova pela primeira vez, todos os seus pertences estavam exatamente onde ela "se lembrava" de estarem. O sofá aqui, a poltrona ali... as fotos dela na parede daqui e de lá... até as roupas foram postas no armário do jeito que ela as havia "deixado". Consequentemente, desde o primeiro passo que deu na nova casa, ela se sentiu protegida e segura. A familiaridade era o santuário dela, trazendo calor e segurança ao que Florie temia que fosse um ambiente hostil.

Quando alguém se muda para uma casa nova, o costume é se oferecer um presente de boas-vindas, alguma coisa alegre e brilhante, que ajude a dar vida ao lugar. Mas enquanto eu via os filhos de Florie prepararem a mudança dela, me lembrei de ter pensado que o presente deles dava um novo significado à expressão "dar vida ao lugar". A familiaridade é a sensação que uma pessoa tem quando vivencia algo com que ela já está acostumada e, nesse caso, essa mesmice é exatamente do que Florie precisava. Foi preciso muita empatia da parte dos filhos para reconhecer isso, e é por esse motivo que a atitude deles foi tão adequada para as circunstâncias.

O engraçado, porém, é que o presente acabou sendo quase invisível, no sentido de que Florie se esqueceu quase instantaneamente do presente que recebera. Em poucas horas, ela andava pela casa com tanta desenvoltura que às vezes se esquecia de que havia mudado. Esse é o outro lado daquilo que é conhecido: o conforto que ele proporciona tem origem na falta de qualquer coisa para se estressar, o que significa que, por definição, é o tipo de conforto a que ninguém presta atenção. Mas os filhos de Florie não se importaram. Eles não tinham feito aquilo para chamar a atenção. Tudo o que importava para eles é que a mãe se sentisse protegida e intacta. Que ela se sentisse em casa.

Existe o que é conhecido e existem as mudanças. Existem semelhanças e diferenças. Eu já pensei muitas vezes que toda a nossa existência pode ser resumida da seguinte maneira: como aquilo que é velho, com o eventual tempero do novo; como o *status quo* salpicado de pequenas variações. Essas duas qualidades parecem formar o *yin* e o *yang* da nossa existência. E, apesar de ser fácil ver os dois como contrários, eles também podem ser vistos como complementares, já que a sua codependência se manifesta em quase tudo o que fazemos.

Quando nos vemos assoberbados pelo tumulto, ansiamos pela estabilidade, o que pode significar que algo tão básico como uma fotografia aqui ou uma poltrona ali pode proporcionar uma ligação direta para uma psique transtornada. Quando eu preparava os meus filhos para o jardim de infância, a professora deles, a Sra. Selman, recomendou que no primeiro dia nós os mandássemos para a escola com algum tipo de contrapeso — um bichinho de pelúcia, um cobertor ou um brinquedo de que eles gostassem —, para servir de âncora enquanto eles entravam naquele mundo assustador de quadros-negros, mesas e cafeterias. O que a sra. Selman entendia era que, quando nos sentimos assoberbados por coisas novas, algo que seja conhecido e meramente simbólico pode ser confortador para a alma.

Por outro lado, quando nossas vidas estão saturadas de coisas iguais, o efeito pode ser uma insensibilidade generalizada. O excesso de familiaridade tem um jeito estranho de deixar as coisas invisíveis. Já fiz a viagem de carro da minha casa até o trabalho tantas vezes que posso simplesmente estacionar na garagem sem me lembrar de nada do trajeto. Posso sair pela porta de casa e mal prestar atenção aos detalhes que me cercam. De alguma maneira, a falta de impressão se transformou numa falta de percepção. Esse é o lado zen daquilo que é conhecido, cujos efeitos são pouco estudados: ele não dá muito prazer e ainda tira a provocação.

Ellen Langer é uma psicóloga que passou boa parte da carreira estudando um fenômeno que ela chama de apatia mental. Isso se refere à nossa tendência de viver no piloto automático, sem pensar muito, e isso geralmente é o resultado de "aprender demais" — de ficar tão acostumado a responder de determinada maneira que nem nos damos conta do que estamos fazendo. Quando agimos apaticamente, surge uma inércia mental mesmo quando nos movimentamos fisicamente. Langer provavelmente não disse isso, mas muito *yin* para pouco *yang* pode entorpecer um pouco a mente.

O que isso quer dizer é que a mesmice é uma dessas qualidades que só vale a pena se for usada na dose certa. Às vezes eu faço uma brincadeira com os meus alunos, em que peço para deixarem o lugar onde estão e se sentarem noutro lugar naquele dia, só para dar uma sacudida nas coisas. É a minha maneira de mudar o lugar dos móveis para dar um novo ar à casa. A Sra. Selman tem uma versão própria para isso: no final do ano letivo, as crianças do jardim da infância já estão tão habituadas à rotina diária que ela as leva em excursões de escola, leva visitas para a sala de aula, qualquer coisa para quebrar a monotonia.

Em outras palavras, quando o momento é de unir os opostos, tudo é uma questão de equilíbrio. As semelhanças são estáticas; as diferenças dão o movimento. E se essas duas coisas puderem coexistir num equilíbrio dinâmico, tudo vai dar certo no mundo. Nós nos sentimos seguros, mas também estimulados. Recebemos nossa dose diária de carboidratos, que nos dão uma sensação de paz, mas não a ponto de levar à letargia.

No entanto, quando muitos dias se passam sem um traço sequer de turbulência, é aí que começamos a ficar inquietos. A vida fica modorrenta, e o desânimo toma conta de nós. É aí que nos vemos correndo atrás de alguma fruta estranha.

No que diz respeito ao mundo do consumo, acredito que a essa hora já esteja bastante claro que a apatia mental está cada vez mais presente. Independentemente de estarmos caminhando pelos corredores de uma loja ou vendo as vitrines de um shopping, o fato é que estamos cercados de marcas que não causam lá grande impressão. Ah, sim, nós podemos ver que o sofá está ali e a poltrona está do outro lado, mas os olhos não reparam em muita coisa.

E, se eu puder dar um passo a mais, diria até que isso sempre vai ser assim; que, na maioria das vezes, nós vamos estar cercados por marcas que não geram repercussão alguma. Por quê? Porque, no mundo dos negócios atual, o conformismo é a regra. E isso não acontece porque as empresas colaboram umas com as outras, mas sim porque elas *competem* umas com as outras. E, no entanto, o efeito é o mesmo. A competição e o conformismo sempre vão estar umbilicalmente ligados, pela simples razão de que só se pode disputar uma corrida se todo mundo correr na mesma direção.

Enquanto isso, as marcas que conseguem se destacar nesse cenário nebuloso — marcas às quais eu me referi como sendo marcas de ideias — sempre vão formar uma minoria. O atual conformismo competitivo é poderoso demais para que não seja assim. Mas como elas representam o incomum e o extraordinário, nós dependemos desproporcionalmente delas para voltar a prestar atenção àquilo que consumimos.

As marcas de ideia não tentam competir — essa é a verdade. Estão mais preocupadas em se destacar do que em ser comparadas. E, assim, independentemente do quanto elas nos encantem ou nos irritem, são marcas que nos fazem parar para pensar.

E, além disso, elas conseguem esse efeito de várias maneiras: as marcas de posicionamento inverso, ignorando as tendências para melhorias e aperfeiçoamentos dentro de uma categoria; as marcas de ruptura, ignorando os limites de uma categoria e contestando as definições de produtos; as marcas hostis, recusando-se a aceitar os axiomas convencionais pelos quais se deve atrair um cliente. Juntas, essas marcas demonstram que, quando estamos empanturrados de mesmice, não tem nada como um pouco de diferença para reativar os sentidos.

Dito isso, nos capítulos anteriores eu apresentei uma tipologia que consistia de três protótipos — reversão, ruptura e hostilidade —, e o problema das tipologias, em geral, é que elas denotam certa rigidez, para não falar num falso autoritarismo. Essa não foi minha intenção.

O que espero, de verdade, é que os protótipos que apresentei o ajudem como um novo vocabulário de apoio. Nós estamos numa situação confortável, em que, se fôssemos discutir a marca IKEA, eu poderia começar dizendo que a marca parece ter executado um bom posicionamento inverso, com a pitada certa de hostilidade e, como você já sabe o que isso significa, poderia deixar de lado as amenidades e mergulhar direto na discussão sobre a marca, de maneira que nós dois aprendêssemos alguma coisa. Quando a linguagem está bem calibrada, ela pode conferir grande ajuda no sentido de criar o terreno para escavações mais profundas.

É por isso que eu preferiria que você pensasse nesses protótipos como uma forma de heurística conceitual, em vez de especificações puras e simples. A maioria das marcas, e especialmente as mais instigantes, tendem a ser nós górdios, o que significa que suas complexidades sempre serão mais difíceis de desatar do que o que se pode descrever numa dissertação. Mas isso não significa que não devamos tentar. E como agora nós instituímos um vocabulário comum, espero, apenas, que isso vá facilitar bastante qualquer tipo de desconstrução.

À guisa de ilustração, pense na seguinte marca: a Apple. Ao longo dos anos, ela combinou de várias maneiras os diversos elementos do branding descritos neste livro, para forjar uma abordagem que despreza todas as convenções. Ela sempre foi, por exemplo, uma mestra no posicionamento inverso, cortando com frequência algumas funções em seus produtos que são facilmente encontrados em outros produtos de tecnologia. Até hoje, um consumidor que compre um Mac tem de aguentar um mouse com um único botão; um consumidor que compre um MacBookAir tem de aguentar a ausência de portas convencionais; um consumidor que compre um iPhone tem de aguentar a ausência de uma bateria removível. Mas os aficcionados da Apple sempre aceitaram essas limitações, em parte porque a empresa os compensou com benefícios magníficos, como um design de tirar o fôlego e uma interface maravilhosa.

A Apple também é mestre em matéria de rupturas, lançando constantemente produtos que ultrapassam os limites de suas categorias. Isso foi especialmente evidente há alguns anos, quando ela anunciou o lançamento iminente do iPhone, sua primeira incursão no mercado de telefonia celular. Se você se lembrar bem, o frenesi que antecedeu o lançamento tinha menos a ver com o fato de a Apple estar entrando no ramo da telefonia celular e mais com a expectativa de que o produto fosse agrupar inúmeras categorias e acabasse redefinindo o setor dos smartphones. E, bem a propósito, o iPhone foi uma mistura de telefone celular, iPod e browser que rompeu com os limites do gênero.

E, finalmente, a marca sempre foi uma mestra em matéria de hostilidade. Sua atitude em relação ao mercado sempre foi de "Ou você é um dos nossos, ou está contra nós", e a campanha publicitária do Mac x PC já serviu de munição para debates furiosos entre seguidores e detratores há muitos anos. A marca também se especializou na arte do "não estou nem aí" em outras questões. Ela cobra preços salgados. É misteriosa. Não é simpática. Sua atitude de "pegar ou largar" pode transparecer uma arrogância inominável e até fazer pensar que ela despreza os seus consumidores. Mas, apesar de tudo isso — ou talvez por causa disso —, a marca continua a cativar as pessoas. Numa categoria comoditizada em que a maioria dos consumidores é pragmática ou oportunista, a Apple, com certeza, brilha e tem legiões de discípulos dedicados para provar isso.

O que esse exemplo da Apple sugere é o grau a que os conceitos de reversão, ruptura e hostilidade podem se reforçar mutuamente e até, volta e meia, terem uma sinergia. Além disso, o magnetismo persistente da marca é outro lembrete, num mar de concorrentes homogêneos, da diferença que o mais puro carisma pode exercer.

Essa minha tipologia não só está longe de ser definitiva como também está longe de ser completa. As diferenças podem aparecer de várias formas, inclusive aquelas que têm pouca semelhança com o meu modelo tripartite. Eu não posso dizer o quanto isso é importante: se você estiver tentando ser diferente, restringir-se a um número limitado de protótipos provavelmente irá tolher muito as suas possibilidades.

Para ressaltar essa questão, aqui vão dois exemplos que não se encaixam nos casos de reversão, ruptura ou hostilidade.

Quando a maioria das pessoas ouve falar na Harley-Davidson, elas pensam numa marca de motocicleta com uma imagem absolutamente agressiva, reforçada por filmes como *O selvagem* e *Sem destino* e associações históricas com a gangue dos Hells Angels. Inclusive, as Harleys — ou hogs (porcos), como são chamadas informalmente — têm uma reputação mundial de serem o veículo preferido de bandidos violentos.

Mas o que a maioria das pessoas não sabe é que, não faz muito tempo, a marca passava por sérios problemas. A ameaça começou na década de 1960, quando a Honda invadiu o mercado com uma das melhores campanhas de posicionamento de marca de seu tempo: "Você encontra as pessoas mais legais se a moto for Honda." Logo chegariam também a Yamaha, a Suzuki e a Kawasaki, e, nos anos 1980, se tornou mais do que claro para os analistas do setor que a Harley tinha ficado para trás.

Foi um momento de tudo ou nada para a Harley. Parte do problema era que o mercado havia evoluído, mas a Harley, não. O hábito de andar de moto se tornou uma atividade mais branda e menos ameaçadora para a maioria dos usuários, o que significava que o motor possante de dois cilindros da Harley, com seu ronco de trovão e seu perfil agressivo, corria o sério risco de se tornar uma relíquia suja e enferrujada do passado. A empresa estava quase fechando as portas, à beira da falência, com a concorrência do Japão mais forte do que nunca.

E, no entanto, ao escolher uma estratégia para virar o jogo, a Harley evitou usar os reflexos comuns do mundo dos negócios. Em vez de sucumbir às tendências do mercado, modernizar o design das motos e abrandar a imagem da marca, a Harley decidiu se colocar com mais força ainda do outro lado do espectro, renovando seu compromisso com o estilo clássico dos anos 1940 e 1950. Ela também decidiu ressuscitar sua reputação de marca bandida lançando o Harley Owners Group (HOG), o grupo de donos de Harley, cuja formação permitiu que a empresa começasse a patrocinar ralis e aventuras em terrenos acidentados — atividades que, na verdade, eram oportunidades para os clientes se gabarem de suas máquinas, enquanto cruzavam o país em grupos que lembravam as gangues de motociclistas livres e perigosos de antigamente.

O que fazia essa estratégia ser ainda mais ousada era que a base de clientes da Harley havia mudado, junto com as tendências do mercado. A idade e a renda média dos donos de Harleys tinham subido constantemente ao longo dos anos; agora, o usuário típico de uma Harley era um sujeito bem de vida, de 40 ou 50 e poucos anos, profissional de colarinho branco, e "com mais chances de ser um homem respeitador das leis do que um fugitivo delas", como muitos analistas gostavam de brincar. O que isso significava era que o compromisso renovado da Harley, de ser uma marca de motociclistas que não se importavam com nada, parecia estar batendo de frente com a realidade socioeconômica de sua base de consumidores. Mas a Harley não se interessava pela realidade. Ela estava interessada em reviver uma fantasia, e isso exigia uma miragem muito bem construída — com direito a um clube de HOGs e uma série de eventos produzidos pela empresa — para dar uma nova vida ao sonho.

Quando uma empresa é pega ignorando as tendências demográficas de sua indústria, ou, o que é pior, ignorando a mudança de perfil da sua base de clientes, nós podemos dizer que ela "perdeu o pé". No entanto, foi exatamente isso o que a Harley fez. Nesse sentido, o som e a imagem de um bando de membros da Harley invadindo ruidosamente uma cidade fizeram mais do que simplesmente fortificar a herança retrô da marca; eles criaram um mundo de fantasia de fim de semana tão distante da realidade diária dos consumidores que os fatos socioeconômicos se viram obrigados a dar espaço a uma mitologia cuidadosamente cultivada.

Hoje, se você é dono de uma Harley, por mais certinha que seja a sua vida, a empresa não só vai tratá-lo como um verdadeiro motoqueiro, mas também vai lhe abrir todas as oportunidades para viver esse papel. O resultado é uma marca que é o mais próximo de um fenômeno cultural no mundo dos negócios. Com mais de um milhão de membros cadastrados no HOG — de longe o maior clube de motociclistas do mundo — e clientes tão leais que chegam a tatuar a logomarca na pele, a Harley levou o conceito do aspirante à glória das motocicletas a uma altura fantástica.

Vou repetir: o exemplo da Harley não se encaixa facilmente em nenhum dos três protótipos que descrevi neste livro. E é exatamente isso o que faz o caso ser tão importante de ser estudado: a Harley descobriu como definir uma diferença por meio de uma idiossincrasia, de um modo que fazia sentido para ela.

O segundo exemplo é o seguinte:

A maioria das marcas da indústria de beleza — que inclui sabonetes, produtos para a limpeza de pele, loções para o corpo, produtos para o cabelo etc. — se posiciona de modo a vender aquele tipo de beleza idealizada que nós geralmente associamos a magníficas top models. Elas enchem a nossa cabeça com imagens de outdoor glamourosas e de magnetismo numa passarela, e deixam subentendido que a obtenção desse nível de beleza está ligado ao consumo de tais e tais produtos. Nada disso faz o menor sentido, é claro, mas, nesse ponto, essas marcas não são diferentes da Harley: elas estão interessadas em construir uma fábula, destinada a seduzir, não a convencer. No entanto, visto que elas competem numa indústria em que todas as marcas fazem basicamente a mesma coisa, nenhuma delas se destaca.

E foi isso o que fez a mais recente campanha de posicionamento da Dove — a Campanha pela Verdadeira Beleza — ser tão excepcional. Lançada em 2004, a campanha se dedicou a destruir o mito da beleza inatingível de uma top model e, em vez disso, alardear as virtudes estéticas de uma mulher normal. A missão era trazer o conceito de beleza de volta ao planeta Terra e tornar a beleza novamente acessível. Observe que isso obrigou a marca a criar uma série de comerciais que eram de uma aparência totalmente prosaica: os anúncios mostravam mulheres comuns do dia a dia — mulheres *de verdade*, e não modelos profissionais — de todos os tipos e tamanhos, vestidas de lingerie branca. E pronto. Só um monte de mulheres normais em casa, vestindo uma lingerie normal.

E, no entanto, seria de se pensar que uma bomba fosse jogada no meio da indústria — tão radical era o conceito de normalidade num contexto como esse. Um analista da indústria escreveu o seguinte comentário na revista *Brandchannel*: "Pode até ser mais honesto, mas será que isso faz as mulheres sonharem?" Outras críticas foram mais ásperas, como essa, da *Slate*: "Pode-se falar o que quiser da verdadeira beleza — uma vez que fique associada à marca das garotas gordas, você estará frita."

A Campanha pela Verdadeira Beleza da Dove continha outros elementos, também. Talvez o mais visível fosse um filme de 112 segundos no YouTube chamado *Evolution*, no qual uma montagem acelerada em vídeo era usada para mostrar a falsidade por trás dos ícones glamourosos que nós vemos espalhados nas revistas e nos outdoors da vida. No filme, uma mulher bastante comum passava pelo doloroso processo de maquiagem cosmética e manipulação de imagens, tudo com o objetivo de torná-la "linda e digna de uma passarela". É uma exibição ferina — o rosto retocado que se vê no quadro final do filme não tem quase nada a ver com o verdadeiro rosto da mulher que posou para a foto.

Tanto os anúncios como o filme geraram uma comoção instantânea. Pouco depois do lançamento, o *Evolution* se tornou um dos anúncios mais baixados da história do YouTube, e personalidades famosas como Katie Couric e Oprah Winfrey dedicaram blocos inteiros de seus programas para tratar dos assuntos expostos pela campanha. Enquanto isso, as mulheres que correram para comprar Dove como resultado da campanha se revelaram as mais apaixonadas pela marca, em seus 50 anos de história; os fóruns de discussão no site da Dove se encheram de um fervor instantâneo como este:

> A toda nossa volta, vemos revistas, filmes e a televisão dizendo que devemos ser magrinhas e ficar iguais às mulheres que são tão retocadas que se tornam irreconhecíveis. E, no entanto, aqui estamos nós, as mulheres do mundo real, passando mal! [O meu marido] me ama do jeito que sou... todo dia ele me diz que sou muito sexy, mas eu me sinto uma infeliz diante do espelho. Talvez esteja na hora de todas nós, mulheres, olharmos para nós mesmas do jeito que os nossos amados nos olham. Eu prometo fazer isso, e desafio

todas as minhas amigas a fazerem a mesma coisa! Nós somos mulheres, somos fortes e somos amadas!

O que a Campanha pela Verdadeira Beleza, da Dove, revelou foi o quanto as americanas estavam cansadas de marcas que se ligavam a um padrão estético inalcançável. Foi contra esse cenário que a Dove entendeu que, para criar algo de extraordinário, tinha de fazer sua marca ser mais ordinária. O resultado foi uma campanha gloriosa e orgulhosa, que celebrava a vida comum.

O que eu aprecio nos exemplos da Dove e da Harley é que são duas marcas que criaram uma diferença, mas de maneiras diametralmente opostas. A Dove criou uma diferença detonando a fantasia; a Harley criou uma diferença alimentando a fantasia. E embora nenhum dos dois casos se encaixe na minha tipologia de marcas, isso só serve para ressaltar o que falei: a diferença não é uma poção que possa ser criada misturando os parâmetros preexistentes. O que consideramos diferente vai depender do que nós consideramos que seja normal.

Aliás, tentar definir o que é diferente é como tentar definir o que é o contrário — a definição será vazia se não estiver dentro de um contexto. É por isso que uma moldura — *qualquer* moldura — nunca vai conseguir capturar mais do que um fragmento das diferenças potenciais no mundo lá fora.

E isso traz consigo várias implicações. Primeiro, isso implica que a melhor maneira de se localizar uma diferença é simplesmente procurando por ela. Pode ser muito difícil traçar um conceito prévio de diferença, mas não é difícil de se identificar. Quando alguma coisa é por si só excepcional, ela vai se destacar naturalmente. Tomando emprestadas as palavras do ex-juiz da Suprema Corte americana Potter Stewart (que, por acaso, estava falando de pornografia, mas também se aplica ao meu exemplo), o objeto pode não caber dentro de uma descrição perfeita, mas o limite subjetivo não pode ser mais básico: quando você vê, você sabe o que é.

Em segundo lugar, implica que existem inúmeras maneiras de *ser* diferente. Tantas como de ser rebelde. Ou, se for o caso, de ser criativo. As diferenças não ficam trancadas a chave, assim como ninguém guarda o anticonformismo a cadeado.

E, finalmente, isso implica que, embora existam muitas maneiras de ser diferente, nem todas vão ser criadas igualmente. Para que a diferença efetivamente *faça* uma diferença, ela não só tem de estar afastada da média, mas esse afastamento tem de ser suficientemente significativo para ter sentido. Em outras palavras, ele precisa ter eco. Nós temos de nos *agarrar* à diferença, ou pelo menos alguns de nós temos. Para a diferença ser carismática, ela precisa se desviar do normal *e* ecoar dentro de nós.

Quando eu estava no ensino médio, um professor deu para a turma uma tarefa que todos nós deveríamos completar nas mesmas 24 horas. O trabalho era passar 24 horas tentando ser um anticonformista. Segundo o meu professor, o objetivo do trabalho era nos dar a chance de revelar uma versão mais autêntica de nós mesmos para os outros. A única regra a ser obedecida era que nós não podíamos fazer nada que machucasse ou atrapalhasse as outras pessoas, ou que de alguma maneira desrespeitasse o regulamento da escola.

Na manhã da tarefa, decidi mostrar minha rebeldia usando uma roupa esquisitíssima na escola, uma combinação de pijama com moletom. Parecia que eu tinha acabado de cair da cama. Quando cheguei ao campus, descobri que muitos dos meus colegas tinham utilizado exatamente a mesma tática — usado a roupa para expressar a individualidade. Os corredores estavam cheios de garotos com roupas ridículas. Outros haviam penteado os cabelos de maneira extravagante, enquanto outros, por sua vez, tinham feito as coisas mais bizarras com a maquiagem e os acessórios. Alguns se dedicaram a atuar de um jeito bobo, só para chamar a atenção. Eu me lembro de um grupo de garotas de mãos dadas e dando pulinhos no corredor entre as aulas, rindo e cantando como se estivessem no jardim de infância. E me lembro de outra garota, uma ginasta, dando saltos mortais no refeitório.

Olhando para trás, acho que o exercício todo foi memorável. Por favor, não me leve a mal, nenhum de nós mostrou *realmente* o verdadeiro eu naquele dia, ou, pelo menos, eu acho que não. Olhando para trás, não sei nem se o meu professor esperava isso mesmo. É pedir demais para um bando de adolescentes preocupados com a própria imagem. A maioria de nós simplesmente fez o que era de se esperar naquele dia, recorrendo a todo tipo de truque que a gente sabia que depois serviria para dar umas boas gargalhadas.

Porém, um garoto, que aqui eu vou chamar de J, quase sozinho, fez com que aquele dia fosse inesquecível. A propósito, você não poderia imaginar uma pessoa mais improvável para fazer uma coisa dessas. J era um garoto quieto, não exatamente um nerd, mas também não muito popular. E, certamente, não o tipo de menino que procurava chamar muita atenção para si. De qualquer maneira, J apareceu na escola naquele dia do jeito que ele sempre se vestia, com o aspecto que sempre tinha. Mas quando ele foi chamado na primeira aula — não lembro bem qual era, se de história, física ou coisa parecida —, ele fez algo inesperado, quando o professor lhe fez uma pergunta. Ele se levantou e deu a resposta em pé.

É isso aí: ele *se levantou*. Para responder a uma pergunta. E, quando J falou, foi com respeito, calma e sinceridade. Como se não existisse nada de mais importante em sua vida do que aquela resposta e aquela aula. Eu me lembro de ter trocado um olhar com os outros colegas de turma naquela hora, um olhar que dizia: "Será que ele está falando sério?"

Na aula seguinte, a mesma coisa. Sempre que J era chamado, ele se levantava e respondia. E, sempre que ele falava, era com a maior sinceridade. Como se ele realmente se importasse com a pergunta, como se ele realmente estivesse dando uma resposta bem pensada. E não só isso, como ele também tratava os professores de senhor ou senhora. E sempre se dirigia aos colegas como sr. Isso ou srta. Aquilo. E no fim de cada aula, J ia até a frente da sala e cumprimentava o professor dizendo um "obrigado" baixinho.

Agora, na primeira vez em que J fez isso, não pudemos deixar de dar umas risadinhas e, sinceramente, quem é que poderia nos culpar? Aquilo era tão esquisito que a gente esperava que fosse acontecer uma espécie de piada no final. Mas, à medida que o dia foi passando, as risadinhas começaram a diminuir, porque, sei lá, nós começamos a perceber que havia alguma coisa de *respeitável* naquilo que J estava fazendo. Alguma coisa digna, madura, talvez até corajosa. E ele também desempenhava magnificamente o seu papel. Ele era tão compenetrado, tão absurdamente respeitoso naquele personagem... Não posso falar pelo resto da turma, mas, no fim do dia, eu e as minhas amigas acreditávamos que o exercício tinha sido uma lição e tanto.

O que aprendi naquele dia foi que existem dois tipos de diferença. Existe o diferente que não diz nada e o diferente que diz muito. Quando decidi ir à escola naquela ocasião vestindo uma roupa esquisita, eu sabia que não ia ser a única a fazer isso, mas me utilizei daquele artifício fácil porque não quis pensar numa opção que dissesse alguma coisa a mais. E, portanto, se eu tivesse de ser realmente sincera, acho que não tinha de fato optado por ser diferente, ou, se optei, acabei escolhendo o tipo de diferença que não dizia nada. Não que eu fosse a única a fazer isso. A maioria de nós não disse nada naquele dia.

A única exceção foi J. Naquelas 24 horas, J havia se reinventado totalmente — todo mundo viu. Eu não sei bem por que ele fez aquilo; talvez existisse mesmo algo dentro dele que J queria nos mostrar. Seja lá qual for a razão, só J escolheu falar muito. E, consequentemente, no final daquele dia, tenho a impressão de que não houve um único aluno entre nós que não o tenha levado em alta consideração.

Na hora de chamar nossa atenção, sempre haverá aquele que se utiliza de uma atitude mais tranquila, sem fazer muito esforço; os que tentam chamar nossa atenção falando alto, fazendo palhaçada ou indo de pijama para a escola. Mas, quando isso ocorre, o que acaba acontecendo é que, tendo tempo para pensar, nós acabamos separando a turma que não tem nada a dizer da turma que fala alguma coisa, e iremos descartar o primeiro grupo como não tendo nada de diferente. Quanto à segunda turma, é para ela que dirigimos nossa atenção, é para ela que nós olhamos de um jeito realmente diferente.

E eu acredito que o mesmo possa ser dito sobre as marcas. Sempre existirão marcas que recorrem aos truques fáceis ou a alguma atitude mirabolante para chamar a atenção. Que tentam aparecer fazendo algo parecido com um monte de saltos mortais no refeitório. Porém, quando isso acontece, a nossa reação é a seguinte: nós dispensamos as que passam em branco e puxamos as que sobraram... as Doves, as Harleys e as Apples da vida... para o lado de cá. Porque essas marcas se desviam do padrão de maneira com a qual nos identificamos, de maneira que as faz *falar* para nós.

Florie já está na casa nova há um ano e, como era de se esperar, ela já se acomodou numa rotina confortável. Ela se levanta, toma café e joga com as amigas. Almoça, faz um pouco de exercício, tem alguma atividade noturna e depois é jantar e cama. Aliás, Florie já se acostumou tanto a essa rotina que os filhos têm de fazer um esforço para tirá-la de casa. Aparentemente, a monotonia pode esgotar uma pessoa de maneira diferente do excesso de atividade. A filha a leva para fazer o cabelo e o filho a apanha para comer panquecas no café da manhã, na casa dele.

Richie, o falecido marido de Florie, costumava brincar que o segredo de se enganar a idade era virar um alvo móvel. Quanto mais eu envelheço, mais eu concordo com ele. A tranquilidade parece ter o efeito de exigir menos dos sentidos, até que eles começam a ficar dormentes. Por isso, enquanto a maioria de nós precisa ter um mínimo de estabilidade na vida, nós também precisamos de um pouco de movimento, pela simples razão de que é no período de atividade que conseguimos sentir nossas sinapses se agitando, às vezes até com o desregramento das crianças que um dia já fomos.

Há pouco tempo, os filhos de Florie deram uma festa para a família e os amigos num restaurante chique de Boston. Aprontar Florie para a festa deu um trabalho colossal — eles tiveram de apanhá-la em casa, ajudá-la a se vestir, conduzi-la até a festa, ver se ela estava à vontade o tempo todo e levá-la para casa em segurança.

Depois de tudo isso, eu fui a feliz convidada que ficou ao lado dela naquela noite, e o que tenho a dizer é o seguinte: Florie realmente brilhou. Ela estava radiante. Encantadora. Conversando animadamente como sempre. Enquanto nós ríamos, conversávamos e contávamos histórias uma para a outra até tarde, ocorreu-me que, com o passar do tempo, da juventude e da vitalidade, o ponto de equilíbrio de Florie pendeu um pouco mais para o lado da calmaria, mas isso deu ainda mais peso a esses momentos ocasionais de estimulação.

Naquela noite, eu pensei muito nas palavras de Richie. Movimento, mudança, diferença... Quando tudo está parado à sua volta, é isso que traz um sopro de vida.

parte 3

o toque

humano

(uma reflexão)

miopia de marketing:
uma nova visão

a pesquisa por trás deste livro começou há cerca de quatro ou cinco anos com um simples meme sobre diferença. Nós vivemos num contexto cultural no qual estamos cercados por marcas que não geram mais do que um zumbido irritante nos fundos. E, mesmo assim, com todo esse ruído, existem umas poucas marcas que conseguem produzir uma batida significativa, e eu fiquei ansiosa para explorar essa acústica num ambiente acadêmico. Agora, tenha em mente que uma das leis não escritas do mundo acadêmico é que, quando você decide dedicar parte da vida a estudar alguma coisa, deve ter algo de definitivo a dizer sobre o assunto em questão, como, por exemplo, um novo "paradigma" para se pensar ou, na pior das hipóteses, algumas regras de "uso imediato" para empresários e acadêmicos. No entanto, desde muito cedo ficou claro que isso não ia acontecer, comigo.

O comportamento dos seres humanos é complexo. Eu já sabia disso quando comecei, mas o que nos deixa ainda mais humildes é a descoberta de que o fato de eu estudar esse comportamento não o torna menos complexo. Ser professor universitário significa dedicar-se a uma busca pela verdade fundamental e, no entanto, o que aprendi no decorrer da minha pesquisa foi que, na hora de estudar o comportamento humano, a verdade pode ser bem fugidia. Sim, as pessoas adoram o que é conhecido... não, só um minuto... às vezes elas adoram uma mudança. Sim, as pessoas não podem esperar pelo progresso... não, só um instante... às vezes elas querem voltar ao passado. Sim, as pessoas estão sempre querendo mais... não, espere... o que elas querem é menos.

A verdade é que, durante a minha pesquisa, eu me encontrei várias vezes me lembrando de um velho desenho animado, de muitos anos atrás. Nele, um infeliz caçador de pássaros se viu preso num barco com o seu tormento, um ardiloso pica-pau. O pica-pau — que evidentemente era o mais inteligente dos dois — teve a grande ideia de afundar o barco (e com isso o caçador) abrindo um buraco nele. À medida que o barco vai se enchendo de água, o atormentado caçador tenta freneticamente tapar o buraco, mas ele não tem a menor chance, já que, no momento em que consegue tapar um buraco, o pica-pau vai e abre outro. Depois de algum tempo, o caçador se sente tão frustrado que decide parar e atirar no pica-pau. Mas ele não só erra o tiro, como o tiro — adivinhou — abre mais um rombo no barco.

Eu me senti igual àquele caçador. Parecia que sempre que eu chegava a um ponto em que podia declarar ter descoberto alguma coisa — que eu tinha tido um insight inquestionável no como e no porquê do comportamento do consumidor —, eu me confrontava com uma nova observação que abria um buraco na minha extremamente frágil conclusão. Consequentemente, quanto mais me envolvia na pesquisa, menos certezas eu tinha sobre coisa alguma.

E, mesmo assim, foi isso o que me fez seguir em frente. Quando fazia o meu mestrado, tive um orientador que era uma joia absoluta. Não porque ele fosse brilhante (o que ele era, embora, para ser honesta, nos melhores círculos acadêmicos, até o brilho pode ser um lugar-comum, por isso, esse não era o maior atrativo dele). Não, o que o fazia ser esse tipo de raridade intelectual era que ele tinha uma maneira de ver o mundo completamente fora do normal, o que vale dizer que, sempre que ele abria a boca para falar alguma coisa, você nunca sabia o que ia sair. Professores são, por conta das exigências da profissão, criaturas cautelosas, mas esse homem tinha um espírito intelectual tão livre — tão desinibido para expressar suas ideias, com um pensamento tão sem fronteiras — que, mesmo que você se visse discordando dele, isso não o impediria de ouvi-lo com a maior atenção toda vez que ele falava algo. Ele não só embaralhava a maneira como você pensava sobre um assunto, mas também abria os seus olhos para coisas em que você nem teria ousado pensar.

Eu me lembro de um dia ter comentado a admiração que tinha pela desinibição mental dele, seu jeito de desencavar insights estranhos e fora dos padrões, e sua resposta foi reveladora. Ele disse: "O que me libera, Youngme, é que eu não me preocupo em estar totalmente certo, 100% certo, o tempo todo. Se o meu objetivo fosse falar coisas incontestáveis, eu teria muito pouco a oferecer ao mundo. Em vez disso, o que procuro fazer é olhar para os 2% mais interessantes que eu puder encontrar e então jogar uma nova luz sobre o assunto que as pessoas não vão encontrar noutro lugar. O truque,

Youngme, é dirigir os olhos para aquelas coisas bacanas a que ninguém presta atenção."

Nesses últimos quatro ou cinco anos, eu pensei muito nas palavras do meu orientador. Na hora de estudar o comportamento humano, decidi, não é que a verdade se esquive de mim — é que ela é líquida. Ela vem de todos os lados, abrindo buracos em todos os ângulos possíveis. O que quero dizer com isso é que o perigo para o professor universitário não está em confundir o que é verdadeiro com o que é falso, é permitir que você seja induzido a pensar que é possível falar algo de definitivo sobre qualquer coisa. Porque, em se tratando do comportamento humano, a verdade é mais ampla do que isso. Em matéria de comportamento humano, a vida é um oceano.

Por outro lado, se todos nós só ousássemos falar ou escrever aquilo que soubéssemos que eram verdades inatacáveis, então não teríamos nada de muito interessante a oferecer para os outros. No fim das contas, foi essa a lição que aprendi com o meu orientador. Quando nós somos prudentes demais com aquilo que queremos oferecer, retiramos do nosso discurso qualquer possibilidade de descoberta, de surpresa ou de pensamento contraintuitivo.

Este livro é mais um rascunho do que uma obra final, o que é o mesmo que dizer que eu pus tudo no papel com a mesma despreocupação que teria se estivesse simplesmente pensando em voz alta. Acho que algumas coisas eu entendi direito, mas tenho certeza de que em alguns pontos estou errada. Mesmo assim procurei me apoiar em duas convicções que são muito sagradas para mim. A primeira é a ideia de que existe valor na desigualdade. O que eu mais admirava no meu orientador era que, sempre que ele se dedicava a se concentrar num assunto, ele procurava girá-lo uns 180 graus, para poder falar sob outro ponto de vista. Eu também procurei fazer isso, no decorrer deste livro. Tentei abordar as coisas sob uma óptica que, na pior das hipóteses, esteja a vários graus daquilo que você já está acostumado a ver.

A segunda é a ideia de que pode haver valor numa provocação, o tipo de valor diferente do que é dado por um conjunto de regras rápidas de negócio. Você vai ver essa convicção, em especial, nas poucas páginas que ainda restam, onde ofereço meus pensamentos finais sobre o desafio da diferenciação na cultura em que vivemos. Para ser bem clara, isso não tem nada a ver com as regras fáceis de negócios voltadas para a ação que você costuma encontrar no final dos outros livros de administração. São apenas alguns insights pessoais e observações aleatórias — os meus 2%, e talvez 2% sejam até um exagero. Mesmo assim, eu os coloco aqui, porque eu, assim como o meu mentor, me motivo com a ideia de que, às vezes, a melhor maneira de se contribuir para uma conversa é simplesmente encaminhá-la para algumas coisas legais às quais nós não estejamos prestando a devida atenção.

No mundo dos negócios, diferenciação é tudo; todo mundo sabe disso. Nas faculdades de administração, pregamos a importância da diferenciação; nas sedes das empresas, construímos estratégias em torno dos conceitos de diferenciação.

Entretanto, nos esquecemos do que significa ser diferente. E aqui eu uso o verbo na primeira pessoa do plural, porque sou tão culpada quanto todo mundo. Todos nós somos, todos nós que temos alguma coisa a ver com a maneira como se faz negócios hoje em dia, e isso inclui os administradores e os professores. Tem alguma coisa errada com a maneira como pensamos na diferenciação. *Tem* de ter. Porque, apesar de todas as homenagens que prestamos a esse conceito da boca para fora, continuamos a produzir marcas que são famosas, não pela diferença, mas pela mesmice.

Esse descasamento realmente é de fundir a cuca. Eu estava conversando com uma amiga semana passada e ela contou, *en passant*, um incidente que lhe aconteceu recentemente, em sua estada num hotel tipo Hyatt. Eu não pude deixar de interromper. "Tipo Hyatt?", perguntei. "O que que você quer dizer com tipo Hyatt? Era um hotel Hyatt ou não era?"

"Ah, eu não me lembro exatamente qual era o hotel", disse ela, dando de ombros. "Mas foi um daqueles tipo Hyatt."

Eu não insisti mais, porque sabia exatamente do que ela estava falando. Todos nós ficamos em hotéis tipo Hyatt, dirigimos carros tipo Honda e consumimos genéricos com marca, o tempo todo, todos nós. E por isso também é fácil para nós usarmos palavras que demonstram essa mesmice quando nos referimos a essas marcas, da mesma maneira que a minha amiga, nos momentos em que estamos de papo-furado com amigos, irmãos ou cônjuges.

E, no entanto, na hora em que voltamos a nos comportar como homens e mulheres de negócios, voltamos a usar a linguagem formal da diferenciação. Como se não fizéssemos a menor ideia desse descasamento, como se não fizéssemos a menor ideia da diferença com que falamos das nossas marcas e a maneira como as pessoas as enxergam. Não é à toa que os consumidores pensam que não entendemos nada. Nós lhes dizemos que as nossas marcas são diferenciadas, quando bem sabemos que elas não são. Eu e você somos parte de dois continentes que estão se afastando...

Acredito que uma das razões de isso estar acontecendo é que nos prendemos num ciclo autoderrotista de competição. Ou, para ser um pouco mais incisiva, nossa competência competitiva está nos matando.

Quando eu visito uma empresa para entrevistar os executivos, a primeira coisa que geralmente acontece é o meu anfitrião me passar uma pilha de análises competitivas — mapas de posicionamento, estatísticas e benchmarks da concorrência etc. —, de maneira que eu possa compreender melhor o pensamento estratégico da empresa. Não há dúvida de que o material é impressionante, mas depois de anos vendo os administradores fazerem uso desses dados, eu tenho a perversa impressão de que é possível que saibamos *coisas demais* sobre os concorrentes.

Pelo que pude observar, ter uma quantidade enorme de informações da concorrência à nossa disposição nos afeta de pelo menos duas maneiras. Primeiro, ela cria uma espécie de miopia competitiva, através da qual gastamos uma quantidade desproporcional de energia pensando no que os nossos concorrentes estão fazendo. Cada detalhe tático, cada mínima nuance da concorrência, nada escapa à nossa atenção. E assim percebemos que o Concorrente A oferece mais dois benefícios ao público desse mercado, ou que o Concorrente B aumentou os preços naquele mercado. O compromisso com a vigilância competitiva é bem-vindo, mas também pode desviar nossa atenção do que é importante — da mesma maneira que o transtorno obsessivo-compulsivo pode nos tirar do prumo.

Mas nossa miopia competitiva também gerou um segundo problema, que tem ligação com o primeiro: ela criou uma dinâmica na qual nossa tendência a copiar (ou melhor, copiar e aumentar um pouco mais) os movimentos da concorrência passou a ser um reflexo. Já discuti esse assunto num capítulo anterior: nada gera um conformismo tão grande quanto a existência de uma medida da concorrência. Quando alguém nos mostra um gráfico, uma tabela ou uma planilha que mostra as áreas em que estamos ficando para trás em relação à concorrência, é quase impossível resistir à tentação de tirar o prejuízo.

O resultado é um grau de comportamento de rebanho que chega às raias do nonsense. Os hotéis permitem que os hóspedes assistam de graça à TV a cabo, mas continuam com a prática bizarra de cobrar telefonemas locais. O sabonete no banheiro é gratuito, mas o refrigerante na geladeira não é. Não estou dizendo que as coisas não devam ser assim; o que eu estranho é que tudo seja *exatamente dessa maneira*, com tão poucas diferenças competitivas, até nos mínimos detalhes.

Thorstein Veblen foi um economista da virada do século XIX para o XX, que deixou como legado a expressão "consumo conspícuo". Em seu livro mais famoso, *A teoria da classe ociosa,* ele sustentou que o consumo moderno estava virando um exercício vazio, no qual tudo com que as pessoas se importavam era ter o mesmo padrão de vida dos vizinhos. Os consumidores simplesmente estavam perdidos, argumentava Veblen.

Recentemente, ocorreu-me que se Veblen estivesse vivo hoje talvez percebesse um novo fenômeno grandiloquente que ele poderia chamar de *concorrência* conspícua. Quando passamos tempo demais comparando o desempenho da nossa marca à dos concorrentes, fica muito fácil acabar num moedor competitivo. Fica fácil passar muito tempo tentando ter o mesmo padrão da concorrência. E, nesse processo, é muito fácil começar a perder de vista o verdadeiro objetivo — que é criar faixas de separação profundas e sustentáveis entre uma empresa e outra.

Porém, que fique bem claro que não estou sugerindo que nós devamos simplesmente ignorar a concorrência. Mas eu acredito que seja importante que comecemos a olhar para nós do jeito que os consumidores nos olham. Quando os consumidores analisam as marcas dentro de uma categoria específica, o normal é que eles vejam apenas um borrão formado pelos concorrentes.

O objetivo, portanto, é não se perder no meio desse borrão. O objetivo é destacar-se no meio dele. E isso é o que significa ser diferente.

O que se mostra um tanto medonho num compromisso com a diferença é que isso exige um compromisso com a inovação — não aquele tipo de inovação tecnológica que os engenheiros produzem, mas a inovação conceitual do tipo que é responsabilidade nossa produzir.

E, no entanto, aqui também nos vemos diante de um problema. Aparentemente, o tipo de inovação conceitual que vem a nós com a maior facilidade também é o tipo de inovação conceitual que chega aos nossos concorrentes com a maior naturalidade — o que significa que até nesse campo existe um rebanho competitivo. É como se todos nós tivéssemos adotado a mesma moldura de inovação, que, por sua vez, é dominada por uma confiança absoluta num conceito que eu chamei de "aperfeiçoamento". Por isso, quando queremos roubar alguns clientes dos nossos adversários, aumentamos nossa proposta de valor através do aperfeiçoamento pela adição. Quando queremos abocanhar um pouco mais de market share, ampliamos nossa gama de produtos através do aperfeiçoamento pela multiplicação. Pouco importa se esse tipo de inovação se tornou previsível e fácil de imitar.

Enquanto isso, nós nos esquecemos de que a inovação também pode surgir de outras maneiras, que podem ser muito mais eficientes para se fugir do rebanho competitivo. A inovação, por exemplo, pode surgir por meio de um processo de subtração. Vimos isso nos casos do Google e da IKEA e outras marcas que adotam o posicionamento inverso, marcas que foram capazes de pegar a proposta de valor excessivamente inchada de uma categoria e criar uma diferença retirando tudo o que é supérfluo. A lógica contrária de se viver numa sociedade em que tudo é muito abundante é que é possível se gerar valor com a retirada de benefícios, desde que essa retirada seja executada de maneira inteligente. Essa é a lição das marcas de posicionamento inverso.

A inovação também pode se dar por meio de um processo de divisão. Vimos isso nos casos da MINI Cooper, dos sapatos Birkenstock e de outras marcas hostis, que souberam lucrar com as nossas divisões subculturais. Nós temos uma tendência a menosprezar a polarização como uma força cultural negativa, mas a verdade é que um excesso de consenso também pode gerar incômodos, ao deixar uma cultura excessivamente neutra. É por isso que, quando uma marca deixa claro que ela não tem medo de tomar partido, nós costumamos recompensá-la com a admiração social. Essa é a lição que as marcas hostis têm a nos dar.

E a inovação pode operar até mesmo por meio de um processo de transformação. Na matemática, quando você transforma uma equação, você altera sua forma, de maneira que a nova equação fica igual à anterior, a não ser pelo fato de que agora é possível resolvê-la por uma abordagem alternativa. A transformação pode até ser superficial, mas mesmo assim é fundamental para deixar a equação mais fácil de se lidar. Da mesma forma, quando uma empresa transforma um ROBÔ num ANIMAL DE ESTIMAÇÃO, ou FRALDAS em CUECAS, o efeito é o mesmo — a mudança na forma manifesta não muda a essência do produto em si, mas torna o consumo mais palatável. Essa é a lição das marcas de ruptura.

Em todos esses casos, nós vimos que a diferenciação começa com nada mais do que uma ideia de que é possível fazer as coisas de maneira fundamentalmente nova. Isso começa com a inovação, e a inovação pode acontecer de várias e várias maneiras.

Dito isso, nos últimos anos, tornei-me cada vez mais convicta de que as grandes ideias, as ideias novas e originais... são extremamente frágeis ao nascer. Por quê? Porque, quando elas estão nascendo, essas ideias pouco utilizadas muitas vezes mal conseguem se distinguir de uma ideia maluca e idiota. É por isso que tantas têm uma morte prematura.

Aqui vai o que isso significa para mim. Há não muito tempo, me pediram para dar uma aula sobre programas de fidelidade — o tipo de programa que é muito comum de se encontrar em companhias aéreas, hotéis e outros prestadores de serviço. Ao entrar na sala de aula, eu já sabia que esse tipo de programa costumava gerar muito ressentimento nos clientes, por isso parti do princípio de que o tom inicial que adotaria com os meus alunos seria de uma crítica ferrenha. E, com certeza, depois que os debates começaram, parecia que todo mundo tinha alguma coisa negativa a dizer sobre esses programas de fidelidade, quase sem exceção.

No entanto, depois de passar alguns minutos dissecando todas as razões para a insatisfação dos clientes, pedi que eles pusessem suas reclamações de lado. Estava na hora, eu disse aos alunos, de fazer um brainstorm com o grupo. O desafio era ter a ideia de um programa de fidelidade que tivesse o potencial de mudar completamente a percepção que os consumidores pudessem ter desse tipo de programa. Um programa de fidelidade que fosse simpático e gratificante, que levasse as pessoas a dizerem "uau" e falar dele com os amigos. Eu pedi que eles completassem a frase: "Imagine um programa de fidelidade que..."

Precisou de um empurrãozinho, mas não demorou muito para as ideias começarem a ganhar vida:

> Imagine um programa de fidelidade...
>
> ...que não tivesse pontos, que não tivesse prêmios para se conquistar, mas que surpreendesse os clientes com atos aleatórios de generosidade;
>
> ...que, em vez de premiar os clientes, desse aos clientes a oportunidade de premiar os funcionários que os tratassem bem;
>
> ...em que os clientes pudessem se agrupar e acumular pontos juntos, em troca de recompensas para o grupo;
>
> ...que, em vez de dificultar a saída do cliente, facilitasse sua saída do programa, sem qualquer penalidade;
>
> ...em que os prêmios fossem doações para a instituição de caridade favorita do cliente.
>
> E assim por diante...

Como se pode ver, as ideias não só iam para todos os lados como também foram criadas meio que na hora. O que significa que, se quiséssemos, poderíamos passar o resto da aula destruindo-as, fazendo uma lista de tudo que as tornava inviáveis ou pouco práticas, ou operacionalmente arriscadas. E, de fato, nós realmente começamos adotando esse caminho. Sempre que uma ideia incomum ia para o quadro-negro, alguém inevitavelmente levantava a mão e dava uma série de razões pelas quais ela não tinha como dar certo.

Mas nós criamos uma nova regra rapidinho. E a regra era que, pelo resto do exercício, os únicos comentários permitidos seriam os positivos, que se apoiassem nas sugestões listadas no quadro-negro. E sabe de uma coisa? A energia na sala de aula começou a subir, quase imediatamente. Os alunos começaram a defender suas ideias favoritas. Começaram a fazer um brainstorm de campanhas de marketing. A pensar em possíveis soluções para os desafios de implementação. A ver o potencial de algumas propostas das quais eles tinham sentido vontade de rir.

Como eu falei para os meus alunos naquele dia, algo bastante curioso acontece quando você estabelece que o ceticismo não é uma opção, mesmo que por apenas alguns minutos: você dá ao improvável uma oportunidade de se transformar numa possibilidade. Você dá a ideias incomuns uma chance de florescer um pouquinho. Os meus alunos puderam ver isso por si mesmos: no fim da aula, o entusiasmo por algumas das ideias que eles tiveram era palpável, e a empolgação, contagiante.

E embora o objetivo do exercício não fosse comunicar que as empresas devessem passar todo o seu tempo correndo atrás de ideias mirabolantes, o exercício serviu para ilustrar a fragilidade das ideias sem polimento. Ideias grandes, ideias novas, ideias originais... todas são muito frágeis quando nascem. E o motivo é que, lá no início, não dá para distingui-las das ideias malucas e impraticáveis. É por isso que, como eu disse aos meus alunos no final daquela aula, para a inovação prosperar é preciso tirar a descrença do caminho, para deixar as coisas acontecerem.

Não que isso deva durar para sempre, é claro. Chega uma hora em que nós temos de deixar que a parte prática do cérebro dê a sua opinião. Mas ideias estranhas e incomuns precisam de um casulo, pelo menos nos primeiros estágios de sua infância, para terem uma pequena chance de sobreviver. Se, há vinte anos, você tivesse me dado a ideia de uma loja de móveis que manda as próprias pessoas montarem seus produtos, eu provavelmente teria rido e comparado-a a um restaurante que pede aos clientes para cozinharem a própria comida. Mas quando nós observamos uma marca como a IKEA ou A Bathing Ape, ou Dove, ou Harley, em toda a sua glória, temos de nos lembrar de que essa foi uma idéia que ganhou vida, e que provavelmente pareceu meio duvidosa no começo. Se quisermos construir empresas em que surjam inovações, nós precisamos criar um ambiente em que fiquemos à vontade para tirar nossa descrença do caminho, pelo menos por tempo suficiente para as coisas acontecerem. Ou, como eu disse aos meus alunos, temos de dar às nossas ideias incomuns uma chance de respirar um pouco, antes de sujeitá-las às partes do cérebro que vivem dizendo não.

Se há algo que a maioria das marcas de ideia descritas neste livro tem em comum é que as suas estratégias de diferenciação não foram guiadas por uma pesquisa formal de marketing. E eu acho isso bastante revelador. No mundo dos negócios, acabamos nos acostumando com a ideia de que investir uma grana em pesquisas formais de marketing é colocar o foco no cliente, enquanto não investir em pesquisas formais de marketing é ser irresponsável e desconsiderar a opinião do cliente. No entanto, é difícil imaginar o tipo de pesquisa formal de marketing que pudesse prever que as pessoas iriam se apaixonar por um energético que não só tinha um gosto horroroso além do boato de ser feito de testículo de boi. Ou o tipo de pesquisa formal de marketing que pudesse prever que milhões se apaixonariam por um site de buscas na internet que não só tinha uma marca pouco conhecida como ainda trazia menos benefícios do que seus concorrentes mais poderosos.

E mesmo assim nós nos deixamos seduzir por esse tipo de pesquisa formal de marketing. E desse modo, consequentemente, nos comprometemos cada vez mais a realizá-la, por meio de entrevistas com clientes ou grupos de discussão. Estamos cada vez mais comprometidos a agrupá-la na forma de apresentações de PowerPoint e resumos executivos. Estamos cada vez mais comprometidos a tirar conclusões a partir do que ela diz, conclusões essas que geralmente levam a uma renovação da proposta de valor que nós já fazemos. E, no entanto, como já observei em outro capítulo, renovar não é a mesma coisa que inovar, e tem horas que eu me pergunto se nós não nos daríamos melhor se colocássemos a nossa máquina de marketing de lado por uns minutos, só para ver que tipo de ideias nós podemos ter sem elas.

Eu sei que não sou a primeira pessoa a dizer isso, mas o problema com as pesquisas formais de marketing é o seguinte: os consumidores sempre vão ser capazes de nos dizer o quanto eles gostariam que os nossos produtos melhorassem. Mas não se pode esperar que eles nos digam o quanto esses produtos deveriam ser diferentes. E, mais importante, não podemos esperar que eles digam como é possível surpreendê-los.

Isso significa que, se quisermos ir além dos aperfeiçoamentos incrementais que dominam a atividade de marketing de produto, precisamos olhar além das minúcias dos dados que a estrutura de pesquisa de mercado é capaz de gerar. Esses detalhes podem ser totalmente objetivos, mas posso garantir que eles também serão lastimavelmente incompletos. Só vão mostrar metade da história. Para se chegar à outra metade precisamos assumir a responsabilidade de botar a imaginação para funcionar.

Um dos livros mais vendidos de 2003 foi *Moneyball*, de Michael Lewis, que defendia a ingrata tese de que a melhor maneira de se pensar um jogo de beisebol era pela lente do mais absoluto empirismo. O livro era um verdadeiro tapa na cara dos puristas, porque o que ele dizia era que todo conhecimento coletivo de uma equipe tradicional de beisebol — técnicos, observadores, gerentes-gerais etc. — não chegava aos pés de um estatístico com um laptop na mão.

Na polêmica que se seguiu à publicação do livro, o que ficou claro é que existem duas maneiras de se capturar a realidade — pelas coisas que podem ser medidas e pelas que não podem —, e, como as duas não se sobrepõem muito, é muito fácil para os defensores de um lado diminuírem a importância do outro.

E é exatamente por isso que pode ser uma experiência tão fascinante sentar e assistir a um jogo de beisebol realmente importante — como, por exemplo, a finalíssima da World Series — com um fã inveterado do esporte. O fã inveterado é um arquivo ambulante de estatísticas de beisebol. Ele pode dar todos os percentuais de rebatidas, de vezes que um jogador chegou à base, quantidades de corridas impulsionadas e relações de *strikeouts* por *walks* cedidos. Pode lhe dizer se um arremesso foi uma *outside cut fastball* ou uma *inside curve,* e quais são as chances de um batedor chegar à base diante de determinado arremessador numa dada situação.

Ao mesmo tempo, o insight que o fã inveterado traz ao jogo vai muito além do que pode ser expresso meramente em termos estatísticos. Na hora de um jogo tão importante quanto a finalíssima da World Series, o fã inveterado compreende a trajetória que cada time fez para chegar até ali. Pode lhe dar as personalidades de cada jogador e conhece os obstáculos que cada um teve de superar para estar na posição. Para o fã inveterado, o drama não é só o que está acontecendo no momento — está no choque do presente com tudo o que aconteceu no passado. As estatísticas têm sua serventia, é certo, mas várias outras coisas também contam. Como o contexto.

A química. O momento. A história. A beleza do jogo. O que significa que, para o fã ardoroso, reduzir o jogo ao que pode ser medido é perder muito do seu sabor.

Eu sei que me arrisco a ser repetitiva, mas faço essa analogia como a maneira de ilustrar a miopia observacional que um excesso de confiança nos dados estatísticos pode gerar. Como administradores de empresa, nós não podemos desprezar os dados que as pesquisas de marketing nos apresentam. Nós precisamos colhê-los, destilá-los e tentar lhes dar um sentido da melhor maneira possível. No entanto, depois de ter feito isso, não podemos partir do princípio de que o nosso trabalho está feito.

É muito melhor que façamos o nosso trabalho da mesma maneira que um purista do beisebol aborda o jogo. Apesar de respeitar o fato de que as estatísticas têm a sua importância, nós também respeitamos o fato de que reduzir o jogo a um monte de números é tirar-lhe a alma.

Se só prestarmos atenção naquilo que podemos medir, só iremos prestar atenção naquilo que se mede com facilidade. E, nesse processo, vamos deixar de ver muita coisa.

Marcas de ideia não são marcas perfeitas. Longe disso. São marcas que polarizam. São marcas desiguais. São marcas que se dedicam a se destacar muito em alguns aspectos. Mas, como fazem um trabalho tão bom na hora de capturarem nossas contradições, elas acabam nos ensinando uma lição sobre o quanto as ferramentas reducionistas são inadequadas, lições que elas nos dão de maneira fabulosa.

A Harley é a marca de moto voltada para o "bandido" de colarinho branco e bem de vida. Dove é a marca de beleza para a mulher que está cansada de tentar ser bonita. A Apple é a marca conveniente para o usuário que se apresenta com uma arrogância inacreditável. Nenhuma dessas marcas tem uma consistência interna, e é exatamente essa característica que faz com que o consumidor se identifique com ela. Elas desafiam a lógica reducionista da mesma maneira que *nós* desafiamos a lógica reducionista, da mesma maneira que as nossas vidas pessoais são marcadas por verdades múltiplas e contraditórias que se cruzam e se bifurcam, que se juntam e se chocam, que criam assimetrias e correntes que se estendem em todas as direções.

Aliás, se existe uma guia que percorre todo este livro é que a consistência do consumo, do comportamento e da cultura está desabando por toda a nossa volta. Uma marca pode ser hostil e magnética ao mesmo tempo. Uma pessoa pode estar satisfeita e inquieta ao mesmo tempo. Um relacionamento pode ser frustrante e gratificante, pode ser simbiótico e liberador, tudo ao mesmo tempo. É claro que nós já sabemos de tudo isso. Nós *vivemos* assim. Eu amo o meu marido, mesmo quando ele me irrita.

Isso, a propósito, é o que nos faz seres humanos tão extraordinários. Nós não precisamos de uma consistência interna para sermos coerentes. Entendemos que nossas verdades são muitas e que nossas vidas são curtas demais para se sujeitar a um conjunto de restrições bonitinhas e ordeiras.

Bem, as marcas de ideias também sabem de tudo isso. Elas podem não fazer muito sentido no papel, mas fazem muito sentido para nós. Essas marcas se deleitam com as nossas incoerências e comemoram as nossas complicações. Elas nos fornecem prazeres irracionais e fazem propostas que vão contra todo o tipo de lógica. E, nesse processo, elas impõem um novo tipo de insight sobre o comportamento do consumidor e de compreensão da natureza humana.

ponto final

eu quis escrever este livro porque acredito que há pedaços do núcleo dos nossos negócios que estão simplesmente partidos. Há premissas embutidas nas práticas competitivas que estão simplesmente implorando para serem repensadas.

Ser administrador de empresa nos dias de hoje é ter uma enxurrada de coisas para *fazer*. Há linhas de produção para se gerenciar e sistemas de distribuição que precisam fluir; há algoritmos de preço que precisam ser apurados e metas para levar o produto ao mercado que têm de ser alcançadas. O mundo gira velozmente, e por isso nós corremos *muito*, lutando para ficar por cima das engrenagens que fazem tudo isso andar. E, no entanto, como descrevi nas páginas anteriores, em muitos casos o resultado final de todo som e fúria não passa de pequenos incrementos que seguem o que todo mundo está fazendo, pequenos incrementos que raramente conseguem se impor como diferença, seja lá do tipo que for.

Eu quis escrever este livro porque acredito que nós podemos fazer mais do que isso. Não fazendo *mais*, mas pensando mais sobre o que fazer. Procuro induzir os meus alunos a se lembrarem disso o tempo todo. A diferenciação não é uma tática. Não é uma campanha publicitária esfuziante; não é uma nova embalagem reluzente. Não é um cartão de fidelidade laminado ou uma garantia de receber seu dinheiro de volta. Diferenciação é uma maneira de *se pensar*. É uma mentalidade. Um compromisso. Um compromisso de se ligar às pessoas — não só de maneira a que elas não estejam acostumadas, mas de maneira que elas valorizem, respeitem e, por que não?, talvez até agradeçam.

Me lembro de ter lido que o falecido comediante George Carlin detestava sempre que alguém o rotulava de cínico; sempre que alguém o chamava assim, ele corrigia o interlocutor, referindo-se a si mesmo como um "idealista decepcionado". Essa diferença era importante para ele. Ser idealista é agarrar-se à crença de que, por mais insensível que um ambiente tenha se tornado, ainda haverá um lugar e talvez até uma recompensa para alguém que decida jogar o jogo em outros padrões. Em relação ao mundo dos negócios, é assim que eu caracterizaria o meu modo de pensar. O único motivo pelo qual palavras como "marketing", "branding" e "vendas" têm algum significado nas nossas vidas é porque, goste-se ou não disso, nós vivemos numa cultura na qual o consumo tem um significado. As marcas de ideia têm um significado todo especial e, no fim das contas, é isso o que elas valem. Elas jogam com padrões diferentes e, quando elas fazem isso, nós *respondemos*.

Eu quis escrever este livro porque acredito que, no mundo dos negócios, sempre existirão rebanhos presos num atoleiro — em todas as categorias, em todos os setores, um grupo de marcas sem maiores distinções sempre vai caminhar no mesmo passo e na mesma direção —, mas ao mesmo tempo creio que sempre vai haver exceções. O médico e escritor Atul Gawande escreveu sobre o fenômeno dos "desvios positivos" entre os médicos, aqueles poucos participantes que estão presos ao mesmo ambiente dos demais, mas que se recusam, teimosamente, a se sentirem limitados pela sabedoria convencional e, consequentemente, são eles que identificam maneiras novas e heterodoxas para lidar com problemas aparentemente insolúveis. No mundo dos negócios, eu acredito que sempre existirão os desvios positivos, marcas excepcionais, não porque elas sejam capazes de correr mais rápido que todos os demais, mas porque, em algum nível fundamental, elas assumiram o compromisso de não achar que o *status quo* era imutável.

Nesse sentido, uma das últimas tarefas que costumo dar aos meus alunos no final do semestre é lhes pedir para imaginar como serão as marcas de ideia de amanhã. "Como elas vão ser?", eu pergunto. "Quais as características que elas terão em comum?"

Como você pode imaginar, os trabalhos que recebo são magníficos, não só pelas reflexões que contêm, mas pelos voos que dão. Alguns são repletos de visões altamente criativas de como as tendências do consumo evoluirão nos próximos vinte anos, enquanto outros são cheios de prognósticos mais precisos em relação a categorias de produto específicas, como moda, hotéis ou refrigerantes. Eu geralmente leio alguns trechos dos trabalhos em sala de aula, de maneira que nós possamos discuti-los juntos e, no fim, geralmente chega um momento em que os alunos me fazem a mesma pergunta: "Como você acha que vão ser as marcas de ideia no futuro? Quais características você imagina que elas terão em comum?"

Assim como eles, eu não posso fingir que tenho uma bola de cristal. Mas, também como eles, acho divertido arriscar algumas especulações. Portanto, essa é a resposta que eu dou.

A primeira característica que acredito que essas marcas terão em comum é *oferecer alguma coisa difícil de se encontrar*. Historicamente, a melhor maneira de uma empresa oferecer valor é proporcionando algo que é difícil de se encontrar. A escassez sempre aumenta a demanda.

A pergunta é: numa era em que os consumidores podem escolher entre uma infinidade de produtos e serviços que vão muito além do que eles querem ou precisam, o que *sobrou* para ser escasso?

Pense nisso por alguns minutos. O que é escasso para você?

Falando por mim, sempre que me vejo mergulhada na abundância de alguma coisa — *qualquer coisa* —, isso acaba atiçando um grande desejo de me livrar da tal coisa. Isso significa que, sempre que estou cercada de barulho e animação, atividade e tumulto, o que é escasso para mim é... o silêncio. Quando me vejo cercada de opções, vendedores e ofertas de gratificação imediata, o que é escasso para mim é... um tempinho para pensar melhor. O pragmatismo desperta o meu apetite pela fantasia; e um excesso de fantasia desperta uma ânsia por fatos concretos.

E aqui existe uma oportunidade — aliás, *sempre* existe uma oportunidade — para as marcas criarem valor oferecendo um alívio do que as pessoas têm em profusão. É isso o que eu digo aos meus alunos. Marcas hostis, marcas de posicionamento inverso, as Harleys e as Doves da vida... o que todas essas marcas têm em comum é que elas são conscientes do que nós temos em excesso e nos oferecem alguma coisa que é escassa. Lembre-se: o que é limitado pode ser o novo objeto do desejo. Um sussurro pode virar o novo grito. Se há algo de que tenho muita certeza é que sempre vai haver um lugar para marcas que ofereçam um benefício que é difícil de se encontrar.

A segunda característica que eu acho que essas marcas vão ter em comum é que elas *refletirão um compromisso com uma grande ideia*. O que vale dizer que não serão só um pouquinho diferentes; elas vão ser *muito* diferentes.

É difícil acreditar que faz mais de 25 anos que Ted Levitt nos apresentou ao conceito de "imaginação do marketing". Infelizmente, uma frase que costumava capturar de maneira tão lírica o coração e a alma dos negócios acabou adquirindo uma conotação irônica. Nós agora estamos vivendo num mundo em que uma pessoa pode fazer toda uma carreira numa empresa sem que se peça que ela tenha uma única Grande Ideia — ou seja, sem que nunca se peça que ela exercite sua imaginação, *nem uma única vez*, ao longo de vários anos de profissão. Sempre que dou um dos cursos de educação executiva oferecidos pela faculdade, a primeira vez que uso palavras como "imaginação" e "criatividade" em sala de aula, tenho de me esforçar para não pedir desculpas; esse é o ponto a que o atual mundo empresarial se distanciou da boa e velha noção de geração de ideias.

Por outro lado, esse é o motivo de as crianças serem verdadeiros gênios criativos: como não têm a nossa idade, elas também não têm a nossa experiência, e não são racionais. E isso as liberta para encarar o mundo sem preconceitos. E, assim, elas vão olhar para uma tigela da Tupperware e ver uma miniatura de barco; vão receber uma colher de prata e a primeira coisa que farão será tentar cavar com ela. Ter inspirações ocasionais é uma coisa; estar sempre inspirado é outra. As crianças são cronicamente inspiradas, pela simples razão de não serem restritas por uma heurística mental ultrapassada, não se verem limitadas pelo hábito, pelas convenções ou por regras arbitrárias do que é certo ou errado. São maliciosas e subversivas; dão vazão aos seus impulsos inventivos, enquanto nós fomos treinados para reprimir os nossos.

Diferenciar é desviar-se. Diferenciar é uma troca. Diferenciar é ter um compromisso com o que nunca foi feito. É apenas uma maneira de se dizer que é um compromisso de abandonar comum. Se eu tivesse de fazer uma previsão, diria que as marcas de ideia de manhã vão ser aquelas que encamparem isso, mesmo que tenham de fazer uma curva perigosa numa estrada de cascalho.

Eis a terceira característica que acredito que essas marcas terão em comum: *elas serão extremamente humanas.* O que vale dizer que terão sido concebidas por pessoas que são extremamente sensíveis às complexidades do espírito humano.

É nesse ponto, em especial, que eu acho que os profissionais de marketing precisam desempenhar um papel importante. Trabalhar com marketing é dar o toque de humanidade de uma empresa. Como profissionais de marketing, é nosso trabalho tornar nossas organizações mais humanas. Isso significa que temos de lidar com os consumidores — com gente *de verdade* — num nível em que o resto da empresa não é capaz. Se as empresas têm uma fixação pela engenharia, temos de nos concentrar nas nuances. Se as empresas são obcecadas com o que é duro e difícil, nós temos de ser a voz da suavidade. John Naisbitt um dia comentou que a intuição é cada vez mais valiosa na sociedade da informação exatamente porque há tantos dados circulando por aí. Como profissionais da área, essa é a nossa responsabilidade: garantir que as nossas organizações capturem, respeitem e comemorem todo o conjunto da experiência humana, em todos os seus contextos e com toda a imaginação.

É claro que, para fazer isso, nós precisamos estar *no mundo*. O oxigênio está à nossa volta, e precisamos respirá-lo. Das boates às ruas, das cozinhas às faculdades, de Nova York a Tóquio... nós precisamos respirar oxigênio.

Mas mesmo que respiremos e respiremos tão profundamente e com tamanha consciência, essa vai ser a nossa recompensa: nós vamos descobrir que há algo a se aprender com o consumo conspícuo, assim como há algo a se aprender com aquele consumo que acontece entre quatro paredes, e, assim, com o não consumo e com o consumo excessivo. Vamos descobrir que o consumo pode ser gratificante, mas que também pode ser pegajoso. Que o consumo pode ser imprudente. Pode ser político. Vergonhoso. Competitivo. Pode ser uma espécie de distintivo. Pode ser muitas e muitas coisas. Mas ele é sempre — e sempre mesmo — revelador.

A diferenciação não é uma tática. É uma forma de pensar. Uma mentalidade que vem de se ouvir, observar, absorver e respeitar. Acima de tudo, é um compromisso. Um compromisso de se relacionar com as pessoas de maneira que mostre a elas que, sim, nós as *compreendemos*.

E ainda tem mais pela frente. Fiquem certos disso.

adendo

(NOTAS E COMENTÁRIOS DIVERSOS SOBRE ALGUMAS DAS MARCAS CITADAS NESTE LIVRO)

Sempre que dou aula ou palestra sobre as minhas pesquisas, sou solicitada a dar mais informações sobre as marcas que cito nos estudos. Para os que estiverem interessados em saber mais sobre aquelas que apareceram neste livro, seguem as informações abaixo. Escrevi estudos de caso bastante detalhados sobre algumas dessas empresas; quando for assim, haverá uma referência ao estudo completo.

Águas VOSS e FIJI

É fascinante acompanhar os movimentos da indústria de água mineral nos Estados Unidos; eu sempre achei que existem poucas situações em que a tarefa de um empresário seja mais difícil do que quando ele tem de competir com uma opção que está por quase toda parte (nesse caso, a água da pia). Como prova, veja como a indústria fonográfica teve de rebolar depois que o Napster lançou a epidemia de compartilhamento de música pela internet.

Para se ter uma ideia de como a indústria de água mineral atingiu um nível absurdo de competição, basta pensar que, nos anos 1980, a água mineral era a mera categoria de nicho nos Estados Unidos, dominada por duas marcas: Perrier e Evian. Hoje, existem quase mil (isso mesmo: *mil*) marcas disputando um mercado de 11 bilhões de dólares nos Estados Unidos. A proliferação de marcas nessa categoria é difícil de descrever: hoje pode-se comprar água com sabor de lima, limão, entre outros; água com ingredientes funcionais como cálcio, flúor ou vitaminas; há variantes exóticas contendo ingredientes como oxigênio. Existem águas destinadas a animais de estimação e outras que se apresentam com função social. E também marcas com um novo tipo de embalagem, compatível com merendeiras de crianças, ou com os frascos de hidratação dos atletas.

A FIJI é uma das estrelas mais recentes no segmento de águas "premium". Posicionando-se como água artesiana exótica, da parte mais "afastada" da floresta tropical das ilhas Fiji, ela precisou de somente cinco anos para virar a segunda água mais importada dos Estados Unidos (perdendo apenas para a Evian).

Em contrapartida, a VOSS se considera marca "ultrapremium". Foi criada por Ole Christian Sandberg, um astuto e jovem empreendedor norueguês que estava convicto de que era possível vender água mineral como um produto de luxo nos Estados Unidos. A história do desenvolvimento dessa marca — do design singular da garrafa da VOSS (inspirada pelos frascos de perfume da indústria de cosméticos) até sua agressiva política de preços altos (nos restaurantes mais requintados não é raro os clientes receberem, ao final da refeição, contas com 100 dólares só de VOSS) — é instrutiva pelo grau de calculismo por trás da origem da marca.

A propósito, apesar de a VOSS se considerar uma marca de luxo, isso não significa que ela esteja sozinha na subcategoria de água mineral ultrapremium. Embalada numa garrafa de vidro crestado, ornamentada com cristais Swarovski, a Bling H2O, com sede em Beverly Hills, entrou no mercado em 2006; com preços que vão de 20 a 40 dólares por uma garrafa de 750ml, há quem diga que ela é vendida por até 90 dólares em certas boates de Las Vegas. Outras marcas de alto padrão são a Can-Aqua canadense, a Tasmanian Rain, a King Island Cloud Juice, a Finé japonesa, a galesa Tau e a Icelandic Glacial.

Para o estudo completo desse caso, que inclui um apanhado geral da indústria da água mineral nos Estados Unidos, veja "VOSS Artesian Water of Norway", Harvard Business School Case Study 509-040.

The Heavenly Bed

Como falei em "O Paradoxo do Progresso", os hotéis Westin (da Starwood Hotels & Resorts) levam o crédito de ter instaurado aquilo que os participantes do setor na maioria dos casos chamam de "a guerra das camas de hotel". Antes do lançamento da Heavenly Bed, da Westin, os hotéis de luxo sempre forneceram camas de primeira linha a seus hóspedes, mas o que fez a iniciativa da Westin ser uma jogada competitiva tão forte foi o fato de ser o primeiro lançamento da indústria hoteleira a ter uma marca e ser a peça central de uma campanha multimilionária de marketing. Isso aumentou consideravelmente as apostas para se manter no jogo, deixando a concorrência sob enorme pressão para imitar o movimento. Em alguns anos, praticamente todas as grandes redes hoteleiras tinham se comprometido a lançar algum tipo de cama especial.

Será que a Heavenly Bed aumentou o nível de satisfação dos hóspedes da rede Westin? Bem, de acordo com as pesquisas internas da rede, antes do lançamento de The Heavenly Bed, os hóspedes davam para o quesito "conforto da cama" a nota 8,96, numa escala que ia de 0 a 10. Depois do lançamento, essa nota subiu para 9,19. Portanto, se você acreditar na pesquisa, o investimento de 30 milhões de dólares só melhorou a satisfação dos clientes em cerca de 2%. Enquanto isso, dada a dificuldade de se ligar a fatia de mercado de um hotel a um único atributo, fica difícil dizer se a Heavenly Bed melhorou a posição do Westin em seu ramo de atividade.

Para o estudo completo desse caso, veja "The Hotel Bed Wars", Harvard Business School Case Study 509-059.

Google

O Google é uma dessas raras marcas de tecnologia pela qual as pessoas têm muita afeição, apesar de ela dominar o mercado. A maioria das marcas hegemônicas de tecnologia tem dificuldade em despertar esse tipo de encantamento (basta pensar na Microsoft), mas até agora o Google conseguiu escapar dessa sina. Aliás, o que eu acho mais impressionante no Google é que a maioria dos usuários comuns não tem a menor ideia de como o site ganha dinheiro. Sua interface é tão intuitiva, tão simples, tão despojada, que usá-la parece até algo não comercial, apesar do fato de ela ter se tornado a maior potência no ramo da publicidade. É muito raro que o predador de uma categoria consiga se passar por um participante secundário. Como diz a revista *The Economist*, o Google "é a agência de propaganda on-line mais valiosa do mundo, disfarçada de site de busca".

Esse é o tamanho atual do Google: ele passou de uma empresa que deu prejuízo no ano 2000, para uma que faturou mais de 6 bilhões de dólares em receitas de publicidade em 2005 — mais do que qualquer cadeia de jornais, editora de revistas ou rede de televisão conseguiu vender em anúncios naquele ano. Em 2008, o Google teve um faturamento de 21 bilhões de dólares em publicidade, e continuava crescendo a passos largos.

À medida que o Google foi crescendo, seu portfólio de produtos explodiu. No início, o Google não oferecia nada além do seu site de buscas. Em 2009, o portfólio tinha crescido a ponto de incluir desde e-mail (Gmail) até fotografia (Picasa) e vídeo (YouTube). Não é de surpreender que essa imensa gama de serviços tenha batido de frente com o compromisso que o Google tinha com a estética clean e despojada de sua homepage. Levou até a críticas — das quais, por sinal, eu discordo — de que o Google está cometendo um erro ao não promover devidamente seus outros produtos para proteger a experiência do usuário. Um analista da indústria descreveu a questão da seguinte maneira: "O problema é que todas as ramificações que o Google abre batem de frente exatamente com aquilo que torna o seu site de buscas tão bem-sucedido: a simplicidade. (...) De modo que o Google não pode exibir sua ampla gama de produtos novos sem pôr em risco o despojamento de sua interface."

Para o estudo completo desse caso, veja "Google Advertising", Harvard Business School Case Study 507-038.

IKEA

A IKEA é mais uma dessas marcas que conseguem se apresentar como uma espécie de prima pobre, embora esteja muito longe disso. O Grupo IKEA, a propósito, é o maior varejista de móveis do mundo, e embora a empresa seja de capital fechado e não divulgue seus lucros, o faturamento de 2008 bateu a marca dos 21 bilhões de euros, e a marca é considerada uma das mais valiosas do mundo. Pessoalmente, eu adoro o fato de que uma marca possa ser tão direta ao dizer o que espera de seus clientes e continuar sendo uma vencedora.

O site da IKEA é uma verdadeira aula de transparência. Tem uma seção intitulada "Como comprar na IKEA" que avisa abertamente aos consumidores como é a experiência de se comprar na loja, advertindo: "Esteja preparado. Faça uma lista de tudo o que você precisa para a sua casa. (...) Meça os espaços onde você deseja colocar os móveis. E confira se o seu carro tem espaço para eles, porque você vai precisar."

Aí o site descreve o que os clientes podem esperar quando entram na loja: "Tudo o que você precisa para fazer compras está à sua disposição logo na entrada: lápis, papel, fita métrica, guia da loja, catálogos, carrinhos de compras e bolsas." Ele também observa que "carregar suas próprias compras é parte importante do envolvimento que a IKEA espera ter com seus clientes. Mais especificamente, se você conseguir fazer coisas simples como carregar suas compras e montar os móveis em casa, nós podemos manter os preços baixos".

Uma ida à IKEA exige aquilo que um repórter gaiato chamou de "bravura IKEA". De acordo com ele, sem esse tipo de resistência, os clientes podem ser acometidos pelo "desânimo IKEA", cujos sintomas incluem: irritação extrema, fadiga e suecofobia (aversão a tudo o que é sueco). É essa mesma "bravura" que aparentemente dá aos clientes a força para montar em casa, por exemplo, um armário de vários módulos.

Em homenagem à poderosa chave Allen — um instrumento fundamental no modelo de negócios "monte você mesmo" da IKEA —, uma versão dessa chave, com cinco metros de altura, se encontra diante da sede mundial da IKEA.

Para o estudo completo desse caso, veja "IKEA Invades America", Harvard Business School Case Study 504-094.

JetBlue

Quando a JetBlue fez seu voo inaugural saindo do aeroporto JFK no início do ano 2000, a missão da marca, segundo o então CEO David Neeleman, era "trazer o toque humano de volta às viagens aéreas". Pôr isso em prática exigiu um sistema de pesos e contrapesos perigoso. Oferecer um ótimo serviço nesse ramo de atividade pode ser uma empreitada muito cara, por isso, desde o início, a JetBlue rompeu com a tradição adotando medidas de cortes de custos bem sérias: ela não oferecia refeições gratuitas, não tinha poltronas de classe executiva e só voava de aeroportos menos movimentados. No entanto, a JetBlue compensou essas medidas de contenção com alguns benefícios muito bem-vindos: todas as poltronas do avião eram espaçosas e revestidas de couro; todos os passageiros tinham um monitor de televisão individual, com TV via satélite; biscoitos e batatas chips eram oferecidos durante o voo. Hoje é fácil considerar esses benefícios como algo normal, mas, no início do século XXI, não se tinha esse tipo de mordomia nas companhias mais baratas.

Alguns descrevem a JetBlue como uma "filha do cruzamento da Southwest e da Virgin" e "o novo alvo dos céus", enquanto outros utilizam a expressão "pobre chique" para descrever a mistura singular de benefícios da JetBlue. David Talbot, CEO da revista on-line *Salon*, usou as seguintes palavras para descrever a companhia: "despojada e independente, parece uma experiência premium em se tratando de uma companhia aérea barata. Chego a gostar do fato de eles terem uma classe única. Todo mundo está nisso junto, exatamente como é a ética da internet. É uma democracia com 'd' minúsculo, e isso me agrada."

Há trinta anos, Paul Theroux escreveu: "Você define um bom voo pelo que não aconteceu. (...) O avião não caiu, você não vomitou, não se atrasou, não odiou a comida. E com isso você se sente agradecido." Em larga escala, isso é verdade até hoje. Em relação às viagens aéreas, nós continuamos a ser muito cínicos. É por isso que eu digo que marcas como a JetBlue merecem algum crédito por fazerem um esforço autêntico para tornar a experiência de voar um pouco mais que tolerável, chegando até a ter pitadas de prazer pelo caminho...

In-N-Out Burger

Como eu falei em "Reversão", é difícil exagerar no quanto as pessoas podem ser fanáticas pelo In-N-Out Burger. A página da rede no Facebook tem mais de 200 mil fãs e um fórum para os devotos compartilharem suas histórias de dedicação: "Eu costumava dirigir duas horas só para comer um hambúrguer, de duas em duas semanas", dizia um deles. Um fórum de discussão na página pergunta: "Até onde você teve de chegar para comer um In-N-Out Burger?", e houve gente que disse ter viajado centenas e centenas de quilômetros para fazer uma única refeição.

Num setor em que os concorrentes oferecem cada vez mais variedade, mais opções e um serviço mais rápido, é preciso muita disciplina para uma empresa se manter tão fiel a uma proposta de valor descomplicada e que não fica mudando. Como observou um repórter, quando o McDonald anuncia, por exemplo, o acréscimo de três novos sanduíches de frango de primeira ao seu menu, o que se está vendo é uma ampliação maior do que todo o cardápio do In-N-Out em seus 60 anos de história.

Até os críticos mais severos só têm coisas positivas a dizer do In-N-Out. Eric Schlosser, autor de uma crítica avassaladora da indústria de lanchonetes americana (*Fast Food Nation*), declarou abertamente que admirava a rede In-N-Out: "Eu os acho ótimos. Não é uma comida saudável, mas pelo menos é uma comida íntegra. Tudo é de verdade." O motivo dos elogios? A In-N-Out usa alfaces desfolhadas a mão, batatas descascadas e cortadas dentro da lanchonete, milk shakes feitos com sorvete de verdade e pãezinhos preparados com uma massa que leva tempo para ficar no ponto. Quanto à carne, a In-N-Out opera sua própria fábrica na Califórnia, onde cada bolinho de carne é analisado individualmente. Evidentemente que esse compromisso com alimentos frescos, orgânicos e feitos "sob medida", combinado com a alta demanda, leva a um tempo de espera superior a dez minutos, muito mais do que o padrão da indústria. Nas horas de pico das lanchonetes mais novas, os clientes já chegaram a enfrentar filas de até duas horas só para comer um hambúrguer. Mas esses clientes sabem que é preciso tempo para se fazer um produto de qualidade, e por isso os atrasos se tornam mais um ritual da religião do In-N-Out.

Uma pequena observação: apesar de no papel eu ser a autora de um estudo de caso sobre essa marca, realmente não mereço muito crédito. O trabalho duro foi feito por alguns alunos meus (Lucy Cummings, Sonali Sampat e Sam Thakarar), In-N-Outmaníacos confessos, que estavam totalmente determinados a colocar no papel a história da marca. Veja "In-N-Out Burger", Harvard Business School Case Study, 503-096.

Sony AIBO

Apesar de o projeto Sony AIBO descrito em "Ruptura" ter virado uma vítima do enxugamento de despesas da Sony, esse caso continua sendo um dos meus favoritos na sala de aula. Como eu digo aos meus alunos, só existem duas razões para uma empresa levar um determinado produto a mercado. A primeira é a capacidade do produto de gerar faturamento, que é o que chamo de "marketing para vender" — em que o principal benchmark do sucesso de um produto está em seus números de venda.

A segunda razão é o que eu chamo de "marketing de aprendizado". Nesse caso, a mentalidade de marketing é completamente diferente, porque, agora, o objetivo principal é acumular lições de marketing que possam ser incorporadas nas futuras iterações de um produto — o que significa que, pelo menos no curto prazo, o investimento não pode ser medido simplesmente pelo resultado do próximo trimestre. Eu escrevi sobre o Sony AIBO numa época em que o domínio da Sony no campo da tecnologia para o grande público era indiscutível e a empresa estava numa posição de fazer apostas de longo prazo, apoiar iniciativas meio doidas e dar aos engenheiros bastante campo para brincar com as ideias. Só que esse tempo agora pertence ao passado...

Mesmo assim, a experiência de marketing que se vê nesse caso, assim como a resposta que o produto gerou nos consumidores, é extremamente reveladora. O ponto crítico do processo de desenvolvimento do Sony AIBO acontece quando os administradores começam a se fazer uma série de perguntas cruciais: "Que produto *é* esse?" E "O que ele poderia *ser?*" Depois de muita conversa, a equipe finalmente opta por uma estratégia de posicionamento, que, como falei antes, acaba virando um artifício para a transformação: ela pega um produto instrumental e o transforma num brinquedo; ela transforma uma série de falhas ("o robô não obedece às minhas ordens") em benefícios de produto ("é um animalzinho que tem vontade própria!"). Eu nunca vou me esquecer das entrevistas que fiz com dezenas de donos de AIBOs, a maioria dos quais exibia uma capacidade impressionante de perdoar para um produto com tantos defeitos, além de um grau de afeição igualmente estonteante por aquelas máquinas. Como me disse um deles: "É claro que sei que ele não é um ser vivo. Não sou burro. Mas é tão fácil esquecer que é só uma máquina... Um dia desses, eu me peguei falando para ele, como se fosse um cachorrinho: 'Vem cá, meu auauzinho...' e, sei lá, não pude deixar de me sentir... *fissurado*, quando ele me respondeu, como se... caramba, como se ele me *amasse.*"

Para mim, isso demonstra até que ponto o enquadramento benfeito de um produto — mais especificamente o posicionamento de lançamento de um produto cheio de falhas

— pode criar mudanças extremas e dramáticas no comportamento do consumidor, em suas emoções e atitudes.

Para ver o estudo completo desse caso, veja "Sony AIBO: The World's First Entertainment Robot", Harvard Business School Case Study 502-010.

Pull-Ups

Quando a Kimberly-Clark lançou a Huggies Pull-Ups Disposable Training Pants, em 1989, o produto se destinava publicamente aos "4 milhões de crianças que todo ano estão prontas para deixar de usar fraldas e começar a treinar a usar o banheiro". Mas o verdadeiro motivo por trás do lançamento era estender o ciclo de vida das crianças que usavam fraldas, para impedir que elas saíssem do mercado aos 2, 3 ou até 4 anos de idade.

Desde o início as Pull-Ups eram, basicamente, fraldas com um formato parecido com o de uma cueca. Tinham elásticos nas laterais, para que as crianças pudessem levantá-las e abaixá-las sozinhas, e um exterior feito para se parecer com uma cueca de criançona, tanto no aspecto como na textura. O slogan das Pull-Ups era "Agora eu sou gente grande", e a campanha publicitária fora desenhada explicitamente para criar uma separação psicológica das fraldas (que, evidentemente, eram para os bebês).

O lançamento se revelou um enorme sucesso, por várias razões. Primeiro, porque não só as margens de lucro da empresa com as Pull-Ups eram muito maiores por unidade do que com as fraldas tradicionais (em parte porque, nesse caso, as pressões da concorrência tendiam a jogar o preço para baixo), mas o uso de Pull-Ups aumentou enormemente o número total de fraldas que uma criança usava em sua vida. Como um analista de varejo comentou, a Kimberly-Clark foi capaz de, em alguns casos, chegar a triplicar o ciclo de vida de seus consumidores.

Em segundo lugar, a Kimberly-Clark foi capaz de obter os benefícios de ser a única participante de peso na subcategoria de "calças de treinamento" por quase dez anos. Em 1991, dois anos depois da introdução das Pull-Ups, a Kimberly-Clark já exibia um faturamento de 500 milhões de dólares ao ano com essa linha de produto, levando a *Brandweek* a observar que: "Não é todo dia que a Procter & Gamble Co. de Cincinnati [a principal concorrente da Kimberly-Clark nesse mercado] é pega com as calças abaixadas. Mas, pelo visto, é exatamente isso o que está ocorrendo na nova categoria das calças de treinamento descartáveis." Aliás, foi somente em 2002 que a P&G foi capaz de lançar um produto viável e competitivo (as Easy Ups) no mercado, e, até hoje, a P&G ainda tem de correr muito para se aproximar do market share da Kimberly-Clark nesse campo.

Cirque du Soleil

O produto que colocou a marca Cirque du Soleil no mercado de entretenimento se chamava, muito apropriadamente, de *Le Cirque Réinventé*. A intenção do título era mesmo redefinir a indústria. A ideia era recriar, reinventar e abrir um novo conceito do que um circo deveria ser. Os tempos do chão coberto de casca de amendoim, do ar empoeirado e dos espetáculos com três picadeiros e animais empinados pertenciam ao passado. Aliás, qualquer tipo de apelação estava proibida. Um comentarista do *Washington Post* escreveu: "Se o Barnum & Bailey é o Kmart do circo, então o Cirque du Soleil é a butique de luxo."

É claro que ser a "butique de luxo" do mundo do circo não aconteceu de um dia para o outro. René Dupéré, um dos primeiros compositores musicais do Cirque du Soleil, disse em algum momento que "as pessoas podem até pensar que nos propomos a reinventar o circo, e então fomos lá e fizemos. Mas nada é assim. Não passávamos de um bando de malucos que queria fazer as coisas e, aos poucos, chegamos a uma visão do que poderia ser o circo moderno".

Guy Laliberté, o fundador do Cirque du Soleil, se inspirou numa série de fontes artísticas para desenvolver o conceito e, de fato, os primeiros shows causaram uma impressão e tanto pela mistura descosturada de balé, teatro, música e ginástica artística. As apresentações têm "uma carga de imagens tão fantástica quanto as de um filme de Fellini, e roupas tão coloridas e extravagantes como as que se vê num desfile de Christian Lacroix", escreveu o *Chicago Sun-Times*. Fazia todo o sentido que uma das apresentações mais importantes do começo do Cirque tivesse se dado no Los Angeles Arts Festival de 1987. A apresentação foi desenhada para deixar a impressão de que uma apresentação de circo também poderia ser uma forma de "grande arte, capaz de merecer uma alta consideração".

Hoje, o Cirque du Soleil se apresenta em cinco continentes e gera um faturamento anual de mais de 500 milhões de dólares. Ele já produziu mais de vinte shows desde 1987 e continua a ser aclamado internacionalmente.

Swatch

Para ser honesta, não existem muitos gênios no mundo dos negócios, mas, para mim, Nicolas Hayek, o visionário por trás da marca Swatch, pode muito bem ser considerado um. Levando-se em conta que já se passaram uns vinte anos desde o lançamento dos relógios Swatch, é fácil se esquecer do quanto aquela primeira coleção foi radical. Antes de os Swatch aparecerem, os relógios suíços eram vistos como produtos muito sérios, vendidos apenas nas joalherias mais chiques e, em muitos casos, tratados como objetos que passavam de geração a geração. Compare isso a um Swatch, cujo conceito era de um mero acessório de moda — frívolo, espontâneo, impulsivo e descartável. E o homem que comandou toda a ideia do Swatch, do conceito até o lançamento, foi Hayek.

Antes do lançamento, a empresa testou vários protótipos de Swatch em magazines americanos para aferir como os consumidores responderiam a esse novo tipo de produto. Os resultados não foram muito animadores. Mesmo assim, Hayek decidiu ignorar a pesquisa de mercado e seguir em frente com o lançamento. Ele já tinha visto tanta gente fazer chacota da ideia do Swatch que a falta de apoio externo não o incomodava mais. Como ele declarou na época: "Você só pode lançar um produto de massa na Suíça ou nos Estados Unidos se abraçar a fantasia e a imaginação da sua infância e adolescência. (...) As pessoas podem rir de um CEO de uma grande empresa suíça falando de fantasia. [Mas] muitas das grandes instituições europeias — empresas, governos e sindicatos — são tão rígidas quanto prisões. São cheias de regras, de cimento e ferro. Nós matamos ideias demais, sem sequer levá-las em consideração, rindo delas."

Dito isso, houve uma enorme disciplina por trás da execução da "fantasia" de Hayek. Nesse ponto, a empresa não teve de reinventar a roda. Ao contrário, ao puxar para si várias das convenções do mundo da moda, ela foi capaz de apresentar aos consumidores uma série de ganchos psicológicos que reforçavam o posicionamento de ruptura dos relógios Swatch. Por exemplo, a linha de produção da Swatch era administrada de maneira totalmente diferente do resto do setor: ela mudava a cada temporada, lançando duas coleções por ano. Cada coleção era dramaticamente diferente da anterior. Não havia repetição de produtos, de modo que as coleções eram substituídas antes de se tornarem ultrapassadas. Além disso, havia uma enorme diversificação de relógios. A qualquer hora, um consumidor podia escolher seu relógio entre pelo menos 70 designs diferentes. A enorme quantidade de modelos contribuía para a percepção de que um Swatch era um acessório para combinar com a roupa, o astral e o gosto do consumidor. Repito: apesar desse tipo de estratégia ser totalmente novo na indústria de relógios, ele era a regra no mundo da moda, onde os fabricantes constantemente lutam para se manter à frente das volúveis preferências de sua clientela.

Também há muito o que se aprender com os componentes da estratégia de marketing da Swatch, sua estratégia de preço, o processo de desenho dos produtos etc. Para maiores informações, veja "The Birth of the Swatch", Harvard Business School Case Study, 504-096.

Alessi

A Alessi é uma empresa familiar italiana que passou os últimos 30 anos repensando como poderiam ser os utensílios domésticos de um lar. Com a Alessi, utensílios de mesa e cozinha absolutamente banais se transformaram em obras de arte requintadas e atraentes.

Quando a empresa começou a produzir bules com um design especial e saca-rolhas na década de 1980 (desenhados por artistas e arquitetos importantes, como Michael Graves e Alessandro Mendini), o mundo nunca tinha visto nada parecido. E, embora hoje seja bastante comum que os fabricantes de produtos domésticos misturem a estética do design e a funcionalidade de maneiras surpreendentes — aliás, já dá até para entrar numa loja da Target e ver a convergência de arte e utilidade em quase todos os corredores —, é importante dar o devido crédito a quem merece. Assim como a Swatch foi responsável pelo nascimento dos relógios como um acessório de moda que hoje é tão natural para nós, a Alessi foi uma das primeiras participantes do mercado a reconhecer o potencial de algo tão sem graça quanto um bule de chá de desafiar uma categoria estabelecida.

Por muitos anos, Alberto Alessi foi a força criativa por trás da Alessi. Embora ele administre a empresa juntamente com os irmãos e os outros membros da família, é Alberto, o neto mais velho do fundador da empresa, quem acaba sendo o último árbitro da linha de produtos da companhia. É assim que ele encara sua responsabilidade: "Eu vejo o meu papel mais ou menos como o do diretor de uma galeria de arte, do curador de um museu ou um cineasta. O que estou tentando fazer é montar um catálogo, um catálogo eclético que contenha diversos contrastes interessantes."

Fiz uma longa entrevista com os irmãos Alessi há alguns anos. Num determinado momento, perguntei a Alberto se a empresa algum dia se apoiou em pesquisa de mercado para guiar sua estratégia de produto. A resposta dele foi:

> Não. No nosso caso, isso seria totalmente inadequado. Para entender por quê, imagine o fabricante de um carro. Quando ele decide produzir um veículo novo, o que ele faz? Primeiro, uma pesquisa de mercado. Ele pergunta aos consumidores: "Como você vê o carro do futuro?" O coitado do consumidor responde olhando para os carros que já existem e diz: "Eu gosto disso aqui nesse carro, e não gosto daquilo ali." O fabricante vai pegar esses dados, sacudir tudo, e daí sai um briefing de produto que não tem a menor criatividade. O resultado final é que todos os carros novos acabam ficando muito parecidos. E é por isso que os produtos acabam ficando anônimos e iguais.
>
> Na Alessi, eu não estou interessado no que pensam os consumidores. Meu interesse é cultuar o trabalho dos designers

que criarão designs transcendentes. No entanto, se eu fizer bem o meu trabalho, devo ser capaz de produzir o que os consumidores querem, até antes que eles mesmos saibam o que querem.

Para ler o estudo completo desse caso, veja "Alessi: Evolution of an Italian Design Factory (A, B, C, D)", Harvard Business School Case Studies 504-018, 504-019, 504-020, 504-022.

MINI Cooper

A agência por trás do lançamento da MINI Cooper foi a Crispin Porter + Bogusky, de Miami, e, como eu disse em "Hostilidade", um dos elementos mais arriscados da campanha era a rejeição explícita da ideia de que, em matéria de automóvel, tamanho é documento. Alex Bogusky, diretor-executivo de criação da agência, disse à *Adweek* que, sim, "houve momentos em que ficamos nervosos". Mas, contra todas as indicações do mercado de que os americanos continuavam apaixonados pelos seus grandes veículos utilitários, a agência foi em frente e remou contra a maré. Além dos outdoors que diziam "a resposta aos grandes utilitários começa aqui", havia outros que diziam "Golias perdeu" e "logo, logo, ser pequeno vai ser uma grande coisa, tanto quanto ser mau é um elogio".

E, com certeza, a campanha começou a atrair consumidores com um tipo especial de "mentalidade MINI". Pesquisas internas de mercado revelaram que os clientes da MINI costumavam ser anticonformistas, pessoas que se identificavam como tendo hobbies e anseios criativos. Um analista da indústria de automóveis fez a seguinte comparação sobre o apelo da marca: "E o que dizem do Maine? Muita gente não gosta. Mas os que gostam... adoram." De maneira mais ampla, aquela campanha pouco ortodoxa ajudou a aumentar incrivelmente o conhecimento da marca: de 2% para 60% em um único ano.

Red Bull

Dietrich Mateschitz, o fundador da Red Bull, costuma dizer que "Red Bull não é uma bebida, é um estilo de vida". Mateschitz compreende que, quando o produto pode se tornar uma commodity com muita facilidade, como acontece com uma bebida, a imagem é 90% do jogo. É por isso que ele sempre cultivou a mística da marca: "Sem aquele professor velho do ensino médio dizendo aos alunos que o Red Bull é coisa do demônio, talvez até uma droga, ele não teria despertado o mesmo interesse."

Como eu comento em "Hostilidade", o que é instrutivo na Red Bull é até que ponto o sucesso da marca pode ser atribuído ao fato de os administradores fazerem tudo o que um manual de marketing diz que você jamais deveria fazer. Aliás, eu não sou a única a perceber isso. Como a Red Bull saiu do nada para criar toda uma nova subcategoria na indústria de bebidas (é possível dizer que a categoria de bebidas energéticas não existia antes do Red Bull), muita coisa foi escrita sobre a marca e suas táticas pouco ortodoxas de marketing. No artigo "The Murketing of Red Bull", o colunista do *New York Times* Rob Walker escreve que: "Geralmente, os magos do branding são sempre muito claros sobre para que serve o produto e quem deveria comprá-lo. A Red Bull faz exatamente o contrário. Tudo sobre a empresa e sobre o seu único produto é deliberadamente vago e até evasivo. (...) Poderia até se dizer que quem bebe Red Bull tem em comum um gosto por viver no limite e por aquilo que é perigoso. Mas o que isso significa de fato? Obviamente, qualquer tentativa de formalizar algo assim o destruiria na mesma hora."

Mais adiante no mesmo artigo Walker entrevista alguns universitários sobre o Red Bull, inclusive Kaytie Pickett, uma aluna que mora nos alojamentos da Tulane University. "É a bebida da hora", disse ela. "Você vê todas aquelas garotas comprando uma lata de Red Bull junto com Marlboro Light. É como se dissessem: 'Está vendo? Eu posso pagar 3 dólares por esta bebida ridícula.'"

Birkenstock

Poucas marcas podem contar com o conjunto forte, imutável e extremamente definido de conotações que a palavra "Birkenstock" desperta. Com suas sandálias, seus sapatos e tamancos práticos e sem nenhuma estética, a Birkenstock é como um hippie teimoso que se orgulha de mastigar granola e tem um espírito que passa longe do que é chique. O site da marca se apresenta da seguinte maneira:

> Couro. Cortiça. Uma ou duas fivelas. Uma ideia simples que vem deixando os pés felizes há mais de duzentos anos. Feitas na Alemanha desde 1774 — com poucas modificações no design em todo esse tempo. Sem truques. Sem gracinhas. Você anda e o sapato se molda ao seu pé. Você fica numa boa. Nós também. E estamos entendidos.

A marca chegou aos Estados Unidos pelos pés de Margot Fraser, que topou com as sandálias ao passar férias na Alemanha, nos anos 1960. Quando ela começou a importar os sapatos para os Estados Unidos, as grandes lojas de calçados zombaram daquelas coisas "horríveis" e "caseiras". Consequentemente, um dos primeiros lugares que venderam os sapatos da Birkenstock foram as lojas de alimentos naturais de Berkeley.

Hoje, é claro, a marca Birkenstock está presente em toda parte, e, apesar de a empresa ter feito várias experiências de parcerias com designers (como, por exemplo, o famoso arquiteto Yves Behar e a top model Heidi Klum), ela nunca se afastou muito de sua fidelidade aos tamancos clássicos campeões de vendas: o Arizona e o Boston Clog, que jamais ganhariam um concurso de beleza. Manolo, o Blogueiro dos Sapatos ("o rei da blogosfera da moda", segundo a *Vogue* inglesa), diz que a marca merece um lugar na Galeria dos Horrores:

> Eles talvez façam os sapatos mais horrorosos e menos modernos de todos os tempos. É um sapato que parece ter sido feito por monges cegos da Idade Média, para que os camponeses andassem na lama com eles.

Marmite

Dependendo daquele a quem se perguntar, a Marmite é "a coisa mais próxima de se comer óleo lubrificante usado" ou "um néctar dos deuses". Oliver Bradley, porta-voz da marca, já declarou oficialmente: "Nós sabemos que, há cem anos, tem muita gente que nos odeia. (...) A nossa marca, ao contrário de muitas outras, tem a confiança e o desplante de dizer 'sabemos disso e não estamos nem aí'." Aliás, o slogan "ame ou odeie" vem dando o tom das campanhas publicitárias nos últimos 13 anos.

A Marmite já existe há mais de cem anos e, para muitos ingleses, comer Marmite numa torrada amanteigada é a mais antiga lembrança que eles têm de um alimento. Na Segunda Guerra Mundial, a Marmite era marca registrada das tropas inglesas, embora, mesmo naquele tempo, a empresa holding soubesse que "os soldados tinham 50% de chance de comer e 50% de passar Marmite debaixo da cueca para se proteger de infecções".

Como acontece com a maioria das coisas, o melhor lugar para se ter um gostinho da marca sem ter de provar o produto é na internet, onde o nível de polarização é extremo até pelos padrões de uma marca hostil. Na página da Marmite no Facebook, são mais de 200 mil fãs que juram amor ao grude; ao mesmo tempo, há centenas de grupos que falam do mais absoluto asco que sentem por aquele troço. Alguns comentários são bastante ilustrativos: "Prefiro arrancar meu próprio baço com um garfo enferrujado e o dar a um pinguim vestido de palhaço do que comer [Marmite]"; "Uma das piores criações da espécie humana" e "Marmite é feita de cera de ouvido, cocô de raposa e lágrimas de um vagabundo".

A estimativa é de que os ingleses carreguem mais de 8 milhões de vasilhames de Marmite quando saem de férias, e pode-se encontrar a marca em um quarto das cozinhas da Inglaterra.

A Bathing Ape

O fundador de A Bathing Ape é o "Nigo" (nome verdadeiro: Tomoaki Nagao), um produtor musical e DJ japonês cujo apelido significa, literalmente, o "número 2" em sua língua natal. Nigo é famoso por ser de uma discrição quase excêntrica, embora tenha se tornado, segundo relatos, o designer de moda mais rico do país.

Apesar de a BAPE ser claramente uma marca japonesa, ela conseguiu penetrar no espírito do underground americano, pelo menos indiretamente, ao ser adotada por artistas conhecidos do país. Pharrell Williams, Jay Z, Lil Wayne e Young Jeezy são algumas das personalidades do hip-hop que usam a marca. Dito isso, os produtos da BAPE continuam difíceis de se achar nos Estados Unidos. Se você estiver disposto a ir à caça, vai daqui um aviso: existem muitas falsificações da BAPE por aí (a gíria para esses produtos falsificados é FAPEs), sem dúvida devido à dificuldade de se obter as BAPEs autênticas, isso sem falar nos preços salgadíssimos dos originais.

Hollister

Hollister é a marca-irmã mais jovem e barata da Abercrombie & Fitch. Aparentemente, seu público-alvo é formado por estudantes do ensino médio (embora muita gente do estudo fundamental também apareça por lá), mas o público mesmo é bem mais restrito que isso: a Hollister vai atrás de garotas e garotos populares, magros e bonitos. Veja Mike Jeffries, CEO da Abercrombie, falando para a *Salon*:

> Para ser franco, nós vamos atrás daquele pessoal descolado. Corremos atrás daquele americano perfeito, de alto astral e um monte de amigos. Muita gente não entra [nesse público] e nem pode entrar. Nós estamos excluindo essas pessoas? Estamos, sim. Uma empresa esbarra em um problema sério quando tenta vender para todo mundo: jovens e velhos, gordos e magros. Agindo assim, você fica totalmente sem graça. Ninguém se afasta de você, mas também ninguém se apaixona por você.

Assim, tudo que diz respeito ao ponto de venda da Hollister é feito para criar um racha, para criar devotos e inimigos com a mesma intensidade. Isso já começa na entrada. A loja fica escondida atrás de uma falsa fachada de bangalô numa praia californiana, o que quer dizer que não dá para comprar só de olhar a vitrine. Dentro da loja, a iluminação é fraca, os tetos são baixos, e a música (uma mistura de pop, independente, emo e punk) é de estourar os tímpanos. A propósito, o barulho é tão alto que, no Arizona, um repórter disfarçado fez uma matéria sobre o nível de decibéis dentro da loja — o medidor foi bater em 90, que é o máximo que se pode obrigar um empregado a aguentar por oito horas. É de se compreender que a maioria dos pais odeiem estar ali.

Os vendedores de loja da Hollister são chamados de "modelos", e as meninas, especialmente, são todas jovens, magrinhas e bonitas. A empresa já sofreu processos na justiça, alegando que ela discrimina as minorias na hora de contratar trabalhadores e obriga os empregados a trabalhar em trajes inadequados. (Os dois processos acabaram em acordos, mas só depois de gerar muita polêmica na imprensa.) Os anúncios da marca são extremamente sexuais, e os tamanhos das roupas têm a intenção deliberada de rejeitar quem é gordo.

E, com todo esse esforço, o que há para se mostrar? Até o ano de 2009, mais de 500 lojas e um faturamento anual de 1,5 bilhão de dólares.

Benetton

O site da Benetton na internet traz um arquivo muito impressionante com exemplos de suas campanhas publicitárias ao longo dos anos. Todas as imagens mais polêmicas estão lá, junto de uma explicação sobre a propaganda da empresa e a filosofia da marca.

Como exercício de um conceito, eu considero valiosíssimo dar uma aula sobre esse caso, porque obriga os alunos a não pensarem apenas no que é a propaganda, porém, talvez mais importante, no que a propaganda poderia ser ou até o que deveria ser. Quando promovo o debate sobre a Benetton, costumo exibir frases de vários membros da indústria de publicidade na tela:

> A propaganda deve vender alegria. (...) Essa dupla [Toscani e Benetton] entendeu que a sociedade está perdida, e tomou o caminho mais fácil: em vez de jogar uma boia de salvamento, os dois estão empurrando a cabeça da sociedade ainda mais para dentro d'água, esfregando o nariz dela em sexo, Aids e em um monte de merda. (Jacques Séguéla, EuroRSCG)

> A "propaganda" [da Benetton] é totalmente irrelevante para os produtos que ela devia estar vendendo. (...) Você pode fazer um título que seja só um palavrão e com toda a certeza ele vai chamar a atenção, mas isso não quer dizer que eu vá gostar de você por esse motivo. (Ced Vidler, Lintas Worldwide)

> A Benetton vem reformulando a verdade sobre a propaganda de sucesso... criou uma "cultura" distinta das outras marcas... mais importante do que as práticas comuns de venda. (James Lowther, Saatchi & Saatchi)

Eu também destaco as respostas que Benetton e Toscani dão a essas críticas:

> Os publicitários já fizeram muito mal à sociedade, (...) utilizando imagens e sonhos falsos para nos vender seus produtos, de um jeito que hoje, se você for mulher, você não é nada se não for parecida com a Isabella Rossellini...

> A propaganda é a forma de comunicação mais rica e mais poderosa do mundo. (...) Mas as agências estão obsoletas. (...) Elas criam uma falsa realidade em que querem que as

pessoas acreditem. Nós mostramos a realidade e somos criticados por isso.

Eu não escrevi um estudo de caso sobre a marca, porque já existem vários estudos excelentes, inclusive um do INSEAD (de Christian Pinson e Vikas Tibrewala), que inclui as falas anteriores.

Apple

Tanta coisa já foi escrita sobre a Apple que parece uma redundância acrescentar algo mais. Deixe-me apenas dizer que, dentre as centenas de artigos que tentaram capturar a atitude iconoclasta da Apple ao longo dos anos, a melhor manchete saiu de uma reportagem da *Wired*, de 2008, intitulada "How Apple Got Everything Right by Doing Everything Wrong". Para mim, só esse título já vai direto ao xis da questão. Um boxe do artigo faz uma lista de cinco princípios centrais do Vale do Silício contra os quais a Apple se insurge com a maior naturalidade. Aqui vão dois exemplos de como a Apple quebra as regras, tirados desse artigo:

Regra do Vale do Silício: COMUNIQUE-SE. Diga aos fãs o que você está fazendo para eles terem uma ligação com a empresa. Está tendo dificuldade de contratar gente nova? Está bolando uma nova estratégia? Algum problema de digestão? Ponha tudo no blog! Os consumidores vão se sentir mais leais, como se fizessem parte da empresa. E os comentários deles poderão lhe render boas ideias.

Regra da Apple: Nunca fale com a imprensa. Mande abolir aqueles blogs que só têm boatos. Ameace processar uma criança que mande uma ideia para você. Nunca passe notinhas sobre um produto, até estar totalmente pronto para divulgar. E, então, use essa mesma disciplina para criar um bochicho e ganhar uma ampla cobertura nas divulgações oficiais.

Regra do Vale do Silício: AME OS SEUS CLIENTES. Cuide para enchê-los de carinho e procure se assegurar de que todos vão ter uma experiência positiva ao lidar com você. Qualquer um é capaz de estraçalhá-lo com uma crítica na Yelp ou na Amazon, e você não pode se dar ao luxo de deixar uma única reclamação sem resposta.

Regra da Apple: Faça as coisas por você, não pelos seus fãs. Lance iMacs sem unidade de disquete e MacBook Airs sem drives ópticos. Corte o preço de um iPhone em 200 dólares dois meses após o lançamento e, quando os compradores iniciais reclamarem, dê-lhes um vale-brinde de 100 dólares.

Harley-Davidson

Nas décadas de 1950 e 1960, as gangues de motociclistas eram formadas por rebeldes de jaquetas de couro e jeans, que cultivavam o estilo de foras da lei. Hunter S. Thompson descreveu essa cultura da mais famosa gangue de motoqueiros daquele tempo em seu livro de 1966 *Hell's Angels — Medo e delírio em duas rodas*. O que essas gangues tinham em comum era um código de rebeldia e, como colocou Thompson, "uma espécie de lealdade informal". Os próprios motoqueiros organizavam as jornadas, normalmente movidos pelo desejo de evitar ficar restritos por "limites de velocidade muito exíguos, falta de sinalização [ou] leis incomuns". Nesse caminho, eram inevitáveis as prisões, os confrontos com a polícia e as brigas com outras gangues de motoqueiros; e, nesse meio, a Harley era a moto preferida dos rebeldes.

Hoje, o maior clube de motoqueiros do mundo não é mais uma criação espontânea; ao contrário, ele é administrado pela própria Harley. A primeira anuidade no HOG (o Harley Owners Group) é grátis e vem junto com a compra de uma Harley. Entre os benefícios oferecidos pelo clube estão o acesso a encontros e eventos organizados pela empresa, assim como acesso a um site exclusivo para os membros. Uma festa recente da Harley partiu de 105 pontos de concentração espalhados por todos os Estados Unidos, que então convergiram para 25 rotas diferentes, todas terminando em Milwaukee. Na última vez em que a Harley fez sua própria festa de aniversário em sua cidade natal, não teve nenhuma dificuldade em vender os 125 mil ingressos. Para os motoqueiros que quiserem organizar suas próprias corridas, a Harley oferece (pelo site e também no manual do proprietário) mapas de estradas, planejadores de viagem e dicas úteis. Mesmo em eventos de motoqueiros que não são oficialmente patrocinados pela Harley (como Sturgis e Daytona), a marca de Milwaukee tem um domínio absoluto; de acordo com as estimativas, cerca de 90% das motos em Daytona levam o emblema da Harley.

Para resumir, a Harley faz praticamente tudo o que pode para cultivar a vontade que os motoqueiros têm de fazer parte de alguma coisa, oferecer uma plataforma para as amizades e a confraternização e apoiar a mitologia do modo de vida dos motoqueiros.

Campanha da Dove pela Verdadeira Beleza

Meu colega John Deighton escreveu um instigante estudo de caso sobre a Campanha da Dove pela Verdadeira Beleza. Segundo sua pesquisa, o desenvolvimento dessa polêmica

Segundo sua pesquisa, o desenvolvimento dessa polêmica campanha angariou muita raiva contra a empresa. Um dos administradores responsáveis pela campanha expôs assim suas preocupações: "Quando você fala da verdadeira beleza, deve perder o elemento de aspiração? Será que os consumidores vão se sentir inspirados a comprar uma marca que não promete elevá-los a um nível de atração mais alto? Destruir o mito da beleza traz em si o perigo de que você vai destruir todo o motivo para se gastar um pouco mais com esse produto. Você está asfaltando o caminho para se tornar uma marca comum."

Verdade seja dita, a campanha foi recebida com críticas ácidas depois do lançamento. Richard Roeper, articulista do *Chicago Sun-Times*, revelou seu lado mais brutal nesse comentário: "Mulheres gorduchas de calcinha cercaram a minha casa. (...) Esses comerciais chegam a me dar arrepios. Se eu quisesse ver algumas garotas gordas com excesso de pele, iria até o Taste of Chicago, certo?" (Que cara de classe, hein? Não precisa nem dizer...) Até hoje, a polêmica do público sobre a campanha continua em blogs, fóruns e chats, YouTube e afins.

Enquanto isso, a Dove passou por um período de saudável crescimento e rejuvenescimento da marca. Pessoalmente, eu adoro marcas que não têm medo de dar início a uma boa discussão ou nos chamar para ela.

Para o estudo completo desse caso, veja John Deighton, "Dove: Evolution of a Brand", Harvard Business School Case Study 508-047.

agradecimentos

Pela ajuda em levar este livro ao mercado, eu gostaria muito de agradecer ao meu agente literário Rafe Sagalyn. Rafe foi o meu cicerone no mundo da edição de livros. Ele é experiente e esclarecido, destemido e vai direto ao ponto. Foi a primeira pessoa — fora o meu marido e a minha melhor amiga — a quem mostrei os originais, e ele entendeu na hora o que eu estava tentando fazer. Desde então, ele foi meu conselheiro e meu defensor no mercado editorial, e por isso lhe sou extremamente grata.

John Mahaney foi meu editor na Crown. Ele não só dispensou muita energia e teve o maior cuidado com este livro, mas ouviu com a maior paciência qualquer preocupação, por menor que fosse, que eu tivesse com o livro. John é um verdadeiro veterano e, como autora de primeira viagem, eu me senti uma felizarda por ter sido guiada por sua mão firme. Lynn Carruthers desenhou todas as ilustrações do livro. Ela é uma artista talentosa, e gosto de acreditar que foi o destino que fez nossos caminhos se cruzarem, de modo que eu pudesse convencê-la a embarcar nesse projeto. Jenna Bernhardson foi minha assistente de pesquisa para este livro. O que eu mais gosto em Jenna é que, apesar de ela ter todas as características produtivas de uma verdadeira Tipo A (com atenção obsessiva aos detalhes e uma ética de trabalho incansável), é uma das pessoas mais tranquilas e de fácil convivência que se possa imaginar. Jenna saiu da faculdade e veio trabalhar direto comigo, e tudo o que posso dizer é que o céu é o limite para essa talentosa jovem. Scott Moore tem sido meu auxiliar administrativo há sete anos, e (não há outra maneira de eu dizer) ele é simplesmente o máximo — e também um dos homens mais exigentes que eu conheço na hora de se vestir. E, embora seja meio estranho eu ter um assistente que gasta mais dinheiro com roupas do que eu, já me acostumei com isso há muito tempo.

Um muito obrigado superespecial para os meus alunos. Não fosse por eles, este livro certamente não existiria. A maioria das ideias apresentadas neste livro foi exposta pela primeira vez a eles, porque eu sabia que eles me atiçariam e me obrigariam a refiná-las. Ao longo dos anos, eles fizeram da sala de aula um laboratório maravilhoso de novas explorações para mim, e eu lhes sou profundamente grata.

Embora essas próximas pessoas não tenham estado diretamente envolvidas na confecção deste livro, eu gostaria de lhes agradecer pelos conselhos em geral que me deram ao longo dos anos. David Bell e John Deighton são meus colegas na Harvard Business School; foram os primeiros a acreditar e incentivar minha pesquisa. Também gostaria de agradecer à minha colega Frances Frei, com quem pude contar desde o primeiro dia. A maneira mais sucinta de descrever Frances é dizer que ela é o tipo de pessoa que, independentemente do contexto, ou da delicadeza da situação, sempre fala a verdade nua e crua, e as sensibilidades que se danem. Quando você vê esse tipo de franqueza numa mulher que trabalha num ambiente muito cheio de limitações, posso dizer que é algo alvissareiro, muito raro de se ver.

No campo mais pessoal, eu tenho três irmãs: Rachel, Hannah e Sunita. Na distribuição das características da família, posso dizer que Rachel é a parte sã, Hannah é a parte doce e Sunita (graças a Deus) trouxe um pouco de estilo a todas nós. Nós somos as irmãs mais diferentes que se possa imaginar, mas, como os laços de família são muito fortes entre nós, as três estiveram ao meu lado em todos os momentos. Sou muito grata a elas pelo apoio constante e também por serem minhas irmãs.

Agora eu gostaria de oferecer algumas palavras para a minha melhor amiga, Gail. Sei que uma amizade feminina pode ser algo extraordinário em qualquer idade, mas eu descobri, durante o meu convívio com Gail, que ela pode ser extraordinária na meia-idade. Afinal, são anos bem tumultuados, anos de se criar filhos e de crescer na profissão, os anos em que tudo parece acontecer ao mesmo tempo: as conquistas e as derrotas, as perdas e as separações. Nos quase dez anos de convivência, Gail e eu nos apoiamos em todos os altos e baixos. Enquanto isso, como os nossos maridos vão poder dizer, nós também parecemos estar sempre metidas em alguma encrenca, o que é uma das razões de eu considerá-la bem mais que uma amiga — ela é uma verdadeira cúmplice, uma companheira de conspiração, se preferir, da melhor espécie. Assim como o meu marido, Gail leu todos os rascunhos deste livro e ofereceu não só palavras de incentivo, mas, o que é mais importante, me assegurou de que as palavras não eram nem banais, nem pessoais demais para se dirigir a um público maior do que eles dois.

E, finalmente, gostaria de agradecer ao meu marido e aos meus filhos, a quem este livro é dedicado. Só para pintar um quadro da situação: meu filho mais velho, Jalen, é uma daquelas crianças que projetam uma aura de maturidade que é muito maior do que sua idade cronológica. Tanto que se você olhar para ele, e eu falo *realmente* olhar para ele, verá um homem sábio e bondoso vivendo no corpo de uma criança. Por outro lado, o meu filho mais novo, Tailo, é um espírito livre e uma força da natureza. Ele é, e sempre será, um irresistível Peter Pan. Esses dois garotos influenciaram a minha maneira de ver o mundo de um jeito que só uma mãe pode entender. O calor, a presença e a alegria deles estão aqui, em todas estas páginas, em todas as frases. Até hoje, qualquer coisinha da vida deles permeia os meus pensamentos, o meu trabalho, a minha redação e as minhas aulas, e, embora seja difícil explicar por quê, eu penso com mais clareza por causa disso.

Quanto ao meu marido, tudo o que vou dizer é o seguinte: o que eu vejo de mais precioso na nossa relação é que ela é descomplicada. Nós damos risadas, ouvimos um ao outro, somos fiéis e nos amamos. Descobri que quando você tem algo tão simples assim na vida, isso deixa você centrado. E é isso o que Robert faz por mim. Ele me faz sentir centrada. Para falar a verdade, no começo achei a possibilidade de escrever um livro uma verdadeira agonia. Mas o que me deu confiança para começar a pôr as palavras no papel foi saber que ele seria o meu primeiro leitor. Eu vivia repetindo para mim: "*É só a minha voz no ouvido dele...*" E foi essa correspondência íntima com Robert que fez com que eu começasse. Esse é um homem que, no dia em que conheceu o meu pai, fez muitas promessas, e tem honrado todas elas. Espero que ele saiba que o crédito de tudo o que há de autêntico nas palavras deste livro é todo dele.

Para saber mais:
www.youngememoon.com

Seja um leitor preferencial Record.

Cadastre-se e receba informações sobre nossos lançamentos e nossas promoções.

Atendimento e venda direta ao leitor:
mdireto@record.com.br ou (21) 2585-2002

Este livro foi composto na tipologia Adobe Caslon Pro,
corpo 12/16, impresso em papel offwhite 80g/m2, no
Sistema Cameron da Divisão Gráfica da Distribuidora Record.